자살은 죄인가요?

죠이선교회는 예수님을 첫째로(Jesus First)
이웃을 둘째로(Others Second)
나 자신을 마지막으로(You Third) 둘 때
참 기쁨(JOY)이 있다는 죠이정신(JOY Spirit)을 토대로
하나님 나라의 확장을 위해 지역교회와 협력, 보완하는
선교단체로서 지상명령을 성취한다는 사명으로 일합니다.

죠이선교회출판부는 그리스도를 대신한 사신으로
문서를 통한 지상명령 성취와 하나님 나라 확장을 위해 노력합니다.

「자살은 죄인가요?」
Copyright ⓒ 2010 by 김기현

자살은 죄인가요?

김기현 지음

추천사

자살은 이미 우리나라에서 가장 심각한 사회 문제 중 하나가 되었습니다. 나라의 공인이라고 할 수 있는 사람들이 줄지어 자살하면서 그 영향력이 확산되고 있기 때문입니다.

자살이 죄라는 것은 알고 있지만 그것이 왜 죄가 되는지, 그 죄의 결과는 무엇인지, 자살에 대하여 목사는 어떻게 설교를 해야 하는지에 대해서 대부분의 교회와 목회자는 정확한 정보와 교육을 받아보지 못했습니다.

바른교회아카데미에서는 이와 같은 문제를 인식하고 일 년에 두 번씩 모이는 연구위원 모임에서 자살이라는 주제로 발표를 한 적이 있습니다. 그때 발표자 중 한 분이 김기현 목사님이셨습니다. 김 목사님은 신학을 전공하여 학위를 마친 신학자인 동시에 교회를 목회하시는 목회자이기 때문에 그 어느 분의 발표보다도 더 현실감이 있었다고 기억합니다.

그때 김 목사님이 발표하신 논문을 중심으로 책이 출간되어 얼마나 감사하고 기쁜지 모릅니다. 바른교회아카데미 원장을 맡고 있는 사람으로서 큰 보람을 느끼기 때문입니다.

목사님의 책이 심각한 자살 문제에 대해 성서적이고 신학적인 바른 이해를 갖게 하는 데 좋은 지침이 될 것이라고 생각되어 기쁜 마음으로 추천합니다.

김동호 목사
높은뜻교회연합 대표, 바른교회아카데미 원장

이 책은 용감한 책입니다. 한국 사회의 자살률이 비정상적으로 치닫고 있는 상황에서 그 이유를 정면에서 따져 묻고, 그 처방과 대안의 적절성을 내놓고 시비한다는 점에서 그렇습니다. 대통령의 자살, 성도의 자살 등 저마다 난감한 사연과 배경으로 논의의 곳곳이 지뢰밭인 형국에도 그는 과감히 물어야 할 질문을 유보하지 않았습니다.

이 책은 정직한 책입니다. 금기시되는 주제일수록 핵심을 피해가는 답변들이 잘 마련되어 있는 법입니다. 한마디 한마디에 많은 것을 걸어야 하는 주제를 지적으로, 신앙적으로 정직하게 대면하기란 쉽지 않습니다. 덕분에 우리는 이 책을 통해 많이 배우고, 깊이 생각할 기회를 얻게 되었습니다.

이 책은 성실한 책입니다. 저자 김기현 목사님은 우선 신학자로 이 주제의 앞뒤를 감싸고 있는 논의의 맥락을 꼼꼼히 잘 정돈해 주었습니다. 그리고 목회자의 심정으로 이 문제로 씨름하는 이들에게 한편 위로를 전하면서, 또 한편 용기를 주문합니다. 이 문제로 고민하는 한 영혼도 놓치고 싶어하지 않는 저자의 심정에 전폭적으로 공감하고, 한국교회가 '고통'의 맨얼굴을 대면할 줄 아는 교회가 되면 좋겠다는 저자의 바람에 기꺼이 함께하고 싶습니다.

양희송
청어람아카데미 대표기획자

언론에서 누가 스스로 목숨을 끊었다는 소식을 들을 때마다 가슴이 먹먹하고 저려옴을 느낍니다. 더군다나 그가 교회를 다니는 이였다고 하면 마치 제가 그를 옆에서 말리지 못한 것 같아서 슬픔이 더욱 깊어집니다. 교회가 이 세상에 존재함으로 말미암아 한 생명이라도 살리고, 교회에 그가 존재함으로 말미암아 생명을 얻기원하는 것은 우리 모두의 마음일 것입니다. 그런데 교회에 다닌다고 자살을 생각하지 않거나 자살의 위험에서 자유로운 것은 아닙니다. 신앙이 있으면 자살할 생각을 하지 않을 것 같지만 오히려 그 신앙 때문에 더욱 자살의 위험에 빠지기도 합니다. 더군다나 자살하면 지옥에 간다는 말은 신앙인들에게 자살에 대한 잘못된 생각을 심어 주하기도 합니다. '신앙이 있으면 그러지 않을 텐데 나는 왜 자꾸 죽을 생각을 할까' 하는 생각에 오히려 우울증이 더 심해진 사람도 보았습니다. 자살에 대한 명확한 논의는 이미 그 자체로 자살예방의 기초가 될 것입니다.

자살에 대한 논의는 죽음에 다가간 사람들을 구하기도 하지만 우리 안에 있는 죽음에 대한 논의와 구원에 대한 논의를 명확히 할 것입니다. 어느덧 우리는 빛바랜 신앙에서 구원이 무엇인지, 죽음이 무엇인지를 잊어가고 있는 것 같습니다. 김기현 목사님의 이번 책은 한국교회에서 자살에 대한 논의를 한 번 더 높은 단계로 이끌어갈 것으로 보입니다. 특히 많은 자료가 자살에 대한 연구를 풍성하게 할 것입니다. 비전문가들도 읽을 수 있는 이 책의 특성상 폭넓은 논의를 이끌어내리라 생각합니다. 그의 수고로 이 땅에서 죽음에 다가선 사람들이 생명으로 되돌아오기를 기대해 봅니다.

조성돈 교수
실천신학대학원대학교 목회사회학 교수, 목회사회학연구소 소장,
Christinity Today Korea 편집위원, 「그들의 자살, 그리고 우리」 (예영커뮤니케이션) 저자

"펠릭스 쿨파$^{Felix\ Culpa}$를 기억하라." 김기현 목사님의 책을 읽으며, 계속 제 머릿속을 맴돈 문구입니다. 대학에서 라틴어 수업시간에 처음 들은 펠릭스 쿨파는 자연에 대한 인간의 죄입니다. 인간으로서 살아가는 것이 고통의 연속이라며, 자연에서 태어나 자연으로 돌아가는 과정을 순리로 받아들이라는 의미인 것으로 기억합니다. 1994년 제가 사랑했던 정신장애인 한 분이 자살로 돌아가셨을 때 이 문구가 다시 떠올랐고 이후 정신과 의사로서 살아가는 동안 유념하는 구절이었지요.

오늘 다시 펠릭스 쿨파가 떠오른 것은 기독교 신자들의 자살충동이나 자살로 인해 사랑하는 가족을 잃은 유족들을 위해 기도할 때, 김기현 목사님이 자살자를 인도하는 마음이 그러하리라는 짐작이 들기 때문입니다. 자살에 대한 짧지만 아름다운 이 책에서 저는 인간이 하나님 앞에 죄를 피하는 것이 아니라 인정하는 모습을 보

이며 조용히 외쳐보는 '나의 복된 죄'를 느낍니다. 또한 예수를 기억하는 공동체가 교회라면, 자살은 구성원의 삶을 돌보지 못한 공동체의 실패로 이해되어야 한다는 구절에 저절로 고개가 끄떡여졌습니다. 이 책은 간결하면서도 힘이 있습니다. 자살자를 믿음이 부족한 자, 비겁하고 나약한 자로 몰아가는 잘못된 요한계시록의 해석을 조목조목 지적하는가 하면, 본회퍼의 「윤리학」, 장 아메리의 「자유 죽음」에 대한 적절한 대비를 통해 인간과 하나님과의 관계 속에 자살의 빛과 그림자를 하나님의 구원으로 연결시키고 있습니다. "자살은 먼저 그 행위자에 대한 심판이 아니라, 우리가 서로 포기하지 않고 헌신하는 공동체를 구현하는 데 실패했다는 것을 일깨우는 계기가 되어야 한다"는 김기현 목사님의 글을 인용하면서, 종교를 떠나 자살에 대해 공부하고자 하는 모든 분에게 이 책을 권합니다. 펠릭스 쿨파, 나의 복된 죄여.

이영문 교수
아주대의료원 정신건강연구소 연구소장
수원시 자살예방센터 센터장

들어가는 말 12

1부 자살, 논의의 시작
  1. 자살의 정치학 18
  2. 자살의 사회학 22
  3. 자살과 개신교 29

2부 자살 그리고 성경 I : 인물
  4. 신자도 자살 충동을 느끼는가? 38
  5. 침묵하는 성경, 어떻게 해석할 것인가? 47

3부 자살 그리고 성경 II : 교리
  6. 자살은 죄인가? 56
  7. 자살은 용서받지 못할 죄인가? 70
  8. 자살하면 지옥에 가는가? 75
  9. 자살, 고통을 피하는 수단인가? 83

차례 Contents

4부 자살 그리고 우리

10. 자살의 교회론 : 그러면 어떻게 할 것인가? 98

감사의 말 110

부록 : 도움이 될 만한 자료

- 목회적 권고-바른교회아카데미 114
- 자살 보도 권고 기준 118
- 자살 경고 신호 120
- 청소년 자살의 위험 징후 121
- 타인의 자살 충동이 느껴질 때 지켜야 할 6가지 수칙 122
- 자살에 관한 설교 지침 122
- 자살 방지를 위해 언급해야 할 것들 125

■ 본문에 인용한 성경말씀은 표준새번역을 기준으로 하였습니다. _편집자

들어가는 말

지금 이 글을 쓰는 순간에도 스스로 생명을 버리는 이들의 행진이 줄을 잇고 있습니다. 남들이 보기에 정상에 우뚝 서서 더는 바랄 것 없이 복에 겨워 보이지만, 한편으로 더는 어찌할 수 없는 삶의 무게에 짓눌려 죽음을 선택하는 이들도 줄어들지 않고 있습니다. 그럴수록 제어할 수 없는 물음이 불쑥불쑥 치고 올라옵니다. "자살은 죄인가요? 자살하면 지옥에 가나요?"

이 질문이 어제 오늘의 일은 아니지만, 한국교회와 사회에서 폭발적으로 분출한 계기는 노무현 전 대통령의 갑작스러운 서거였습니다. 많은 사람이 울고 또 울었습니다. 충격과 공포, 당황과 분노를 느꼈습니다. 아직도 그 분의 죽음을 서러워하고, 그 분을 그리워합니다. 노 전 대통령의 삶과 죽음에 담긴 정치적인 함의와 방정식을 풀어내는 것이 어찌 저와 무관하다고 할 수 있겠습니까마는, 한

때나마 일각에서 논쟁이 된 그 죽음의 신학적 해석에 관여하는 것도 능력 밖의 일입니다.

자살과 관련된 정치적 의제에 얼마간 거리를 두려고 한 것처럼 다른 분야에서도 한발 뒤로 물러났습니다. 자살은 우울증과 많은 관련이 있다는 점에서 병리학과, 정신적 질병이 있다고 해서 모두가 자살을 선택하지 않는다는 점에서는 심리학과 결부되어 있습니다. 때문에 교회는 그 분야 전문가들의 견해와 경험에 귀를 기울여야 마땅합니다. 교회가 심리학에 물들거나 신학이 부족해서가 아니라 그것이 하나님의 지혜의 일부분이며, 지식의 한계를 가질 수밖에 없는 인간에게는 서로 협력하는 것이 지혜로운 처사이기 때문입니다. 그런 점에서 이 책의 접근 방법은 자살의 심리학이나 병리학보다는 사회학과 신학에 가깝습니다.

이 책은 그런 논의에 얼마간 비껴서 있는 것이 사실입니다. 그렇다고 전적으로 상관없다고 모르쇠로 일관할 수는 없습니다. 그럼에도 제가 할 일은 그 이면에 놓인 신학적 의문에 집중하는 것입니다. 한편으로 위에서 물었던 바, 자살은 죄인지, 과연 지옥 갈 만한 그런 극악무도한 죄악인지를 알아보기 위해 성서의 계시와 교회사의 지혜를 탐색해 보았습니다. 다른 한편으로 자살을 말하는 우리, 다름 아닌 교회의 존재와 모습이 어떠해야 하는지를 주목했습니다.

글을 쓰면서 세 부류를 염두에 두었습니다. 첫째는 가족이나 성도 중에 자살한 이가 있거나 자살을 심각하게 고민하는 이들입니다. 릴케는 자신의 시가 굶주린 소녀에게 빵 한 조각이 되지 못한다고, 카뮈는 자신의 실존주의가 몽마르트 비탈길에서 얼어 죽는 노숙자에게 담요 한 장만 못하다고 탄식을 했지요. 그들에게 한줌의 위로와 소망이 될 수 있을지는 차마 자신하지 못하지만, 저로서는 그들에게 작으나마 힘이 되도록 안간힘을 다했다는 것만은 말씀드릴 수 있습니다.

둘째는 과연 복음이, 성서가 자살에 관해 무엇이라 말하는지를 진지하게 묻는 구도자들입니다. 자살이 사회적인 화두로 등장할 때, 포털 사이트의 종교 토론방은 수위를 다투는 논쟁거리와 질문거리로 넘쳐납니다.

마지막은 우리 한국교회의 모습을 생각하며 글을 썼습니다. 자살은 죄라고, 자살하면 지옥 간다고 힘주어 말하지만, 정작 죽음을 선택하도록 강요하는 사회와 벼랑에 내몰린 그들의 눈물을 닦아주는 데는 인색한 교회는 강도 만난 자를 돕는 선한 사마리아인이기보다는 자살에 관해 고담준론高談峻論을 펼치는 율법사와 다르지 않은 것 같습니다.

이 책 말미에 저는 이렇게 썼습니다. "예수님을 기억하는 공동체,

서로를 추억하는 공동체가 예수님이 원한 교회의 모습이고, 서로를 죽이고 자신을 스스로 죽이는 죽임의 시대에 맞서는 것이 교회의 존재 이유와 가치입니다." 부디 교회가 우는 자를 나무라는 교회가 아니라 같이 울어주고 눈물을 닦아주는 교회가 되었으면 하는 간절한 저의 바람을 읽어주었으면 합니다.

이러한 생각으로, 이 책을 다음과 같이 구성했습니다. 먼저, 자살이 우리 교회와 사회에서 논란이 되는 지점에 대한 설명, 예컨대 자살이 갖는 정치적 문제[1장], 사회적 문제[2장], 교회적 문제[3장]를 검토해보았습니다. 그리고 성경이 자살에 대해 무엇을 말하는지를 살핀 연후[4·5장]에, 자살과 관련된 까다로운 질문들을 주로 교리적으로 접근해 보았습니다.[6-9장] 마지막으로 그러면 우리가 어떻게 해야 할 것인지를 주로 교회 공동체의 자리에서, 또는 교회론의 관점에서 탐색했습니다[10장].

이 흐름에서 주목해야 할 것은 자살에 대한 이러저러한 질문에 대한 성서와 역사, 신학의 대답 못지않게 중요한 것이 교회라는 사실입니다. 귀에 딱지가 앉도록 하도 많이 들어서 이제는 너무나 진부한 사실이지만, 동시에 너무나 황홀한 진실은 교회가 대답이라는 것입니다. 예수님이 원한 바로 그 공동체가 되는 것이 자살에 관한 저의 대답입니다. 가족 같은 교회일 뿐만 아니라 가족인 교회 말입니다. 부디 이 책이 자살과 관련된 신앙적 물음을 해소하는 데 조금이라도 소용되고, 가족과 교회가 서로의 손을 잡아주는 계기라도 되길 간절이 바랍니다.

1부

자살, 논의의 시작

1. 자살의 정치학

자살은 간단한 문제가 아닙니다. 이것 하나가 내포하고 있는 문제는 실로 복잡다단합니다. 그래서 칼 바르트는 "당신이 예수에 대해 말하면 나는 당신이 누구인지를 말해 줄 수 있다"고 했고, 빌리 그레이엄은 "당신이 돈에 관해 말하면 나는 당신이 누구인지를 말해 줄 수 있다"고 했는데, 저는 자살에 대한 말로 그가 어떤 사람인지를 알아낼 수 있다고 말할 수 있습니다.

이 시대 그리스도인의 정체성은 예수의 신성과 인성을 논하는 기독론이나, 청빈이냐 청부냐의 재물관보다 자살에 관한 담론을 보고 그가 어떤 그리스도인인지를 제대로 알 수 있을 정도입니다. 자살이 그만큼 중대한 문제냐고 묻는다면 알베르 카뮈의 말로 대신하겠습니다. "참으로 중대한 철학적 문제는 단 하나뿐이다. 그것은 자살이다. 인생이 살 만한 가치가 있는가 없는가 하는 것을 판단하는 것,

이것이 철학의 근본적인 질문에 대답하는 것이다."[7]

자살의 다의성을 엿볼 수 있는 사건이 바로 노무현 전 대통령의 서거입니다. 그를 두고 벌어진 논쟁은 신앙이 아니라 각자가 서 있는 정치적 관점에 따라 움직였다고 보아야 합니다. 사회지도층이 연속으로 자살했을 때는 자살세를 거두라는 독설을 날린 진중권도 노 전 대통령의 자살을 두고는 그때의 발언을 사과한 점, 김진홍 목사가 자살한 농촌 총각의 애달픈 사연을 품어준 것과 달리 노 전 대통령을 향해서는 지도자 감이 아니라 무책임한 행동이라고 비판한 점은 신앙이 정치에 따라 얼마든지 달라질 수 있다는 증거입니다.

보수 기독교 지도자들이 자신들과 정치적 견해를 같이하는 이들이 혹 자살을 한다면, 또는 자신의 교회 내에 유력한 인물이나 사회적 저명인사가 자살을 한다면, 어떻게 설교할까요? 최진실, 정다빈, 이은주 등이 자살했을 때, 제가 알기로 그들이 출석한 교회는 내부적으로 논란이 있었는지는 몰라도 최선을 다해 장례를 치르고, 자살이라는 사건만으로 인격적 미성숙이나 무책임을 운운하지는 않았습니다. 도리어 그들의 아름다웠던 지난날의 삶과 신앙, 힘겨운 날들 속에서도 하나님과 이웃을 위해 행한 헌신과 봉사를 기억하고, 그들이 자살하지 않으면 안 될 지경에 이르게 한 현실에 대해 분노하며 그러면서도 자살하지 않았더라면, 아니 죽지 않았더라면 하는 짙은 아쉬움이 가득했을 것이라 미루어 짐작합니다.

자살을 말하면서 그리스도인이 기독교 세계관이 아니라 자신의 정치적 견해나 이해관계에 따라 접근하는 태도를 보이는 것은 참으로 씁쓸합니다. 또한 죽은 자의 피가 식기도 전에 죽음의 방식을 가지고 그의 삶 전체를 비판하는 것은 과도할 뿐만 아니라 상식적이지 않습니다. 그렇기에 한 인터넷 신문은 "노무현이 싫은가? 자살이 싫은가?"라고 도발적이면서도 핵심을 꿰뚫는 질문을 던졌던 것입니다. 바른교회아카데미의 목회 권고문은 이 지점을 잘 포착해서 권면하고 있습니다.

> '차이'를 이유로 '차별'하지 않고, '세속의 이해관계'에 따라 '성도의 교제'를 훼방하지 않는 삶이 우리를 교회로 부르신 하나님의 뜻입니다. 지금 한국 교회는 서로 다른 정치적 견해와 경제적 차이를 포용하고 화해하도록 하는 복음의 능력이 있는지, 아니면 이런 세속적 골을 하나님의 이름을 빙자하여 더 악화시키는 무능한 상황은 아닌지 주목하는 많은 사람들의 눈길 앞에 서 있습니다."[2]

그렇습니다. 하나님뿐 아니라 사람들도 지켜보고 있습니다. 아니, 스스로 자신을 돌아봐야 할 때입니다. 갈등하고 대립하는 양 견해

중간에서 조정하거나 화해를 주선하지도 못하고, 제3의 길을 대안으로 제시하지도 못하며, 어느 일방에 포함되어 목소리를 높이는 것은 우려할 만합니다. 때문에 자살을 바라보는 시각은 정치적 견해의 표명인 동시에 내가 어떤 그리스도인인지를 가늠케 해줍니다.

---

1. 알베르 카뮈, 「시지프의 신화」, 문예출판사, 9쪽.
2. 바른교회아카데미, "노무현 전 대통령 서거를 맞이하여 한국교회에 드리는 목회적 권고문". 부록1에 그 내용을 실었다.

2. 자살의 사회학

자살은 그 사회를 들여다볼 수 있는 단면입니다. 한 사람이 죽을 수밖에 없게끔 만든 원인이야말로 한 사회의 빛과 그림자를 충실히 반영하지 않겠습니까. 자살한 이들의 통계를 살펴보면, 우리 사회의 현주소를 정확히 짚어낼 수 있습니다. 그 안에 죽음에 이르게 하는 병이 무엇인지, 그 정체가 제대로 드러날 수밖에 없습니다. 또한 우리가 어떻게 살아가고 있는지, 그 이면에 놓인 세계관이 적나라하게 폭로됩니다. 이제, 그 뼈아픈 현실로 들어가 보도록 합시다.

먼저 2007년 자살 통계에서 시작할까 합니다. 이 통계에 따르면 우리나라의 자살률은 OECD 국가 중 1위입니다. 한 해에 12,174명이 스스로 목숨을 끊습니다. 이를 하루 평균으로 환산하면 33명입니다. 암, 뇌혈관 질환, 심장질환에 이어 네 번째 사망원인이 자살입니다. 이는 주변에서 흔히 볼 수 있는 당뇨병 환자의 하루 사망자 수가 31명인 것과 비교해도 상당히 높은 수치임을 알 수 있습니다. 우리 사회의 통념상 자살을 숨기는 경우가 많고, 행방불명된 이들, 신원을 쉽게 알 수 없는 사체의 경우 실제로 자살자가 많습니다. 그러니 이것을 포함하면 그 수치는 훨씬 높아질 것입니다.

1년이 지난 2008년은 상태가 더 악화되었습니다. 2008년 자살자는 12,858명으로 전년도에 비해 684명(5.6%)이 늘었습니다. 흔히 자살률은 인구 10만 명당 자살자 수를 의미하는데, 2007년은 24.8명이었고, 2008년은 26명입니다. 10여 년 전인 1997년에 10만 명당 13명인 것에 견주면 그 증가폭이 엄청나다는 것을 쉽게 알 수 있습니다. 한 해가 다르게 자살자가 가파르게 증가하더니 10년 사이에 무려 2배나 늘어났습니다.

통계를 좀 더 자세히 들여다보겠습니다.[1] 크게 두 가지를 주목하게 됩니다. 하나는 장년층의 자살이 정말 심각하다는 점입니다. 40대가 자살자 중 가장 많고, 여기에 30대를 더하면, 전체에서 36%에 달합니다. 그리고 50대를 합하면 전체에서 절반을 훌쩍 넘습니다. 가정에서나 사회에서나 가장 열심히 일을 하고 책임을 져야 할 세대가 이토록 많이 자살한다는 것은 사회적으로 큰 손실일 뿐 아니라 직접적으로 가정에 큰 타격입니다. 바로 가정 공동체의 해체로 이어질 수 있기 때문입니다. 그 여파인지 2007년 통계에서는 청소년의 사망원인 중 자살이 2위였으나 2008년에는 1위로 올라섰습니다. 성적과 진로에 대한 비관과 비교에 따른 열패감劣敗感으로 청소년마저 속절없이 무너지고 있는 것입니다.

다른 하나는 남성이 여성보다 자살률이 1.7배 정도 더 높다는 점입니다. 남자가 31.5명이고, 여자는 18.1명입니다. 40대 이상의 연령대로 올라가면 더 심각해집니다. 40대는 남성이 여성에 비해 자살률이 2.2배 높고, 50대는 3.2배나 높습니다. 이는 남성의 방법이 아무래도 더 과격하여 자살성공률이 높기 때문일 수 있고, 극심한 사회 경제적인 양극화에서 가정경제를 책임지지 못한 데서 오는 좌절감으로 죽음을 선택하는 경우가 많기 때문으로도 볼 수 있습니다. 가부장적 의식구조가 강고하여서 남성 스스로 최종적인 책임을 지려는 태도, 고통을 쉽게 남에게 털어놓지 못하고 겉으로는 태연한 듯 의연한 듯해도 속으로 혼자 끙끙 앓는 병폐가 중요한 요인이라 하겠습니다.

나이와 성별에 따른 분석에 지역이라는 요소를 적용하면 자살이 갖는 사회적 측면이 그대로 드러납니다. 한겨레신문에서 보건복지가족부와 통계청이 실시한 2005-2007년 248개 시군구의 자살 통계를 조사해 본 결과 도시보다는 농촌, 고학력층보다는 저학력층과 무직, 주부, 학생의 비중이 상당히 높았습니다.[2]

이는 에밀 뒤르켐의 주장을 상당수 뒤집는 것입니다. 뒤르켐은 농촌보다 도시가, 저학력자보다 고학력자가, 여성보다 남성이, 무엇보다도 노인층이 더 많이 자살한다고 보았습니다. 그는 자살이 도시 문명과 밀접한 관계가 있고, 따라서 농촌보다는 도시에서 자살률이 높다고 본 것입니다.[3] 그러나 최근 우리나라의 경우, 농촌과 저학력층이 압도적으로 많습니다. 이는 우리 사회의 구조와 현실과 무관치 않습니다.

자살은 경제적 격차와 연계되어 있습니다. 자살이 가장 적은 지역은 서울로 18.9명이며, 대도시 지역이 대체로 낮습니다. 이를 좀 더 세밀하게 시군구별로 분석하면 과천(12.8명), 분당(15.1명) 등이 전국 최저이고, 가장 높은 곳은 충북 괴산(45.6명), 강원도 철원(43.1명)과 정선(42.8명)입니다. 이는 농촌 지역이 경제적으로 낙후되었으며, 교육적으로는 저학력층이 많고, 연령으로는 노인층이 많기 때문입니다. 2005년 자살자 12,047명 가운데 중졸 이하는 6,472명입니다. 이는 전체의 53.7%를 차지하는 수입니다. 대졸 이상 학력자는 1,709명(21.2%)입니다. 그리고 서울·부산을 뺀 12개 시도의 65세 이상 노인 자살자들의 70%가 초등학교 졸업 이하인 것으로 나타났습니다.

자살자 통계를 추적해 보면, 사회 경제적 취약 지역과 빈곤층, 그리고 학력이 낮은 이들이 다수를 차지합니다. 여기서 우리는 두 가지를 발견합니다. 하나는 사회 경제적 구조의 문제입니다. 위의 통계는 사회적 격차가 갈수록 벌어지고, 약자와 소수를 보호하는 사회적 안전망이 결여되어 있음을 의미합니다. 단지 빈곤이 심화되었다고 해서 생명을 저버리지는 않습니다. 상대적 박탈감과 더불어 사회적인 배려의 부족으로 희망과 존재의 의미를 발견하지 못해서 죽음을 선택하는 것입니다. 그러므로 이런 양극화 구조를 개혁하지 않고서는 죽음의 행렬이 끊임없이 이어질 것입니다.

다른 하나는 가치관의 문제입니다. 뒤르켐은 자살을 세 가지로 구분했습니다. 이기적 자살, 이타적 자살, 아노미적 자살입니다. 우리가 주목할 것은 아노미적 자살입니다. 이는 인간의 활동이 충분히 규제되지 못해서 생기는 고통에서 나옵니다.[4] 사회적 규범과 가치가 각 개인을 통제하거나 지도하지 못하여 영향력을 상실하게 되면, 공백이 발생합니다. 그러면 개인은 결국 어떠한 제동장치도 없이 방치됩니다. 그 결과가 바로 자살일 수 있다는 것입니다.

예를 들어보겠습니다. 사회적 위기가 닥치면 자살률이 높아집니다. 그런데 위기가 사라지고 안정이 되면 도리어 자살이 더 많아집니다. 이는 인간이란 존재는 위기 국면에서 스트레스를 많이 받기도 하지만, 그런 상황에서는 자신의 욕망이 성취될 가능성이 줄어

들기 때문에 스스로 욕심을 조절합니다. 그렇기에 자신이 기대하는 바를 얻지 못해도 어느 정도 만족합니다. 워낙 어려운 상황이라는 것만으로 정당화됩니다.

그러나 경제가 활성화되면 상황은 달라집니다. 목표를 달성할 수 있으리라는 희망이 생깁니다. 그러나 마음대로 되지 않는 것이 세상 돌아가는 이치입니다. 그렇게 되면 성취하지 못한 자는 이전보다 더한 패배감을 느낍니다. 전에는 모두 고생을 했지만, 이제는 성공과 실패를 가르는 선이 분명해졌기 때문입니다. 자신이 실패자의 대열에 서 있는 상황에 재적응하지 못하게되는 경우가 빈번해지고 자살률이 높아지는 것입니다.

이는 가치관과 관련되어 있습니다. 한 사람의 일생을 외적인 성공과 성취, 물질적 형통과 번영이라는 잣대로 평가하면, 낮은 점수를 받은 이는 자신을 인생 낙오자로 규정하게 됩니다. 잘못된 욕망을 금하고, 과도한 욕망을 자제하는 능력의 상실이 죽음으로 내몰게 만듭니다. 이면에 성공주의, 기복주의, 물질지상주의가 숨어 있습니다. 성경에서 사람을 외모로 취하지 말라는 것은 구원론과 관련해서도 중요하지만, 사회적 삶을 살아가는 데도 무척 중요한 의미를 지니고 있습니다. 한 사람의 외적인 성공과 성취로 인생 전체의 성패를 가늠하지 말라는 뜻입니다.

물론, 자살을 막기 위해서는 한 개인의 눈물겨운 노력이 뒤따라야 마땅합니다. 그것이 없이는 사회와 이웃의 도움이 그다지 쓸모없습니다. 하지만 자살은 통계에서 보듯이 사회적 요소가 되레 지대합니다.

그러기에 공동체, 곧 국가와 사회, 가족과 교회의 공동체성이 회복되지 않고서는 해결되기 어렵습니다. 또한 올바른 가치관과 세계관의 정립이 동시에 따라가야 합니다. 자살은 공동체가 붕괴되면서 가치관도 혼란을 겪고 있다는 점을 보여주며, 반대로 공동체의 회복과 세계관의 정립이 자살을 미연에 방지하는 근원적 처방이라는 점을 역설합니다.

---

1. 조성돈·정재영, 「그들의 자살, 그리고 우리」, 예영커뮤니케이션, 18-24쪽.
2. 한겨레신문, 2009년 6월 26일, 15면.
3. 에밀 뒤르켐, 「자살론」, 청아출판사, 58쪽.
4. 같은 책, 322쪽.

3. 자살과 개신교

한국 개신교회는 자살을 말하기 전, 그리고 자살하는 자를 향해 죄라고 말하기 전, 자신을 먼저 말해야만 합니다. 에밀 뒤르켐에 따르면 다른 어떤 종교에 비해서 개신교인의 자살률이 월등히 높습니다. 물론 여기서 말하는 종교는 유럽에 있는 종교이므로, 개신교, 가톨릭, 유대교에 국한됩니다. 그러므로 개신교회 밖의 사회와 종교를 향해 자살은 죄요, 지옥에 간다고 크게 말하기 전에, 왜 개신교회 안에 자살률이 유독 높은가를 조용히, 그러나 깊이 성찰하지 않으면 안 됩니다.

뒤르켐의 자료와 통계 수치, 논증을 사용하려면, 그와 우리의 시간적 간격, 공간적 차이를 감안하지 않을 수 없습니다. 「자살론」이 1897년에 서구적 상황에서 발표된 「자살론」을 110년이라는 시간을 넘어 동양이라는 공간에서도 에누리 없이 그대로 적용될 수 있을지는 약간 의문이 듭니다. 앞에서 말한 바와 같이 뒤르켐은 자살이 농촌보다 도시가, 저학력자보다 고학력자가 더 많다고 주장합니다. 그는 자살이 도시 문명과 밀접한 관계가 있고, 따라서 농촌보다는 도시에서 자살률이 높다고 볼 것입니다.[1] 그러나 앞에서 본 바와 같이, 우리나라는 도시보다는 농촌, 지식인층보다는 저학력층과 무직자들의 자살 사망률이 높습니다.

이러한 차이가 개신교의 자살률이 타 집단보다 높다는 뒤르켐의 논제에도 일말의 의심을 제기합니다. 그럼에도 그의 요지를 살펴보는 것이 순서일 것입니다. 뒤르켐은 "개신교는 어느 곳에서나 예외 없이 다른 종교보다 훨씬 많은 자살자가 나온다"[2]고 말합니다. 작게는 20-30%, 많게는 무려 3배나 됩니다. 개신교 국가는 190명, 개신교와 가톨릭이 혼합된 국가인 경우는 96명, 가톨릭 국가는 58명, 그리스정교 국가는 40명입니다. 순수 가톨릭과 비교해서 개신교는 자살률이 거의 3배에 달합니다.

유럽에서 자살률이 높은 독일의 경우 자살률이 현저하게 낮은 지역은 공교롭게도 가톨릭 지역입니다. 프랑스에서 가톨릭 지역은 83명인데 반해 개신교는 453명이고, 독일에서의 가톨릭 지역은 87명, 개신교 지역은 293명입니다. 프랑스계와 독일계가 같이 살고, 가톨릭과 개신교가 공존하는 스위스에서도 "가톨릭 주에서는 민족과 관계없이 개신교 주에 비해 자살자가 4, 5배나 적은 것으로 나타난다"고 합니다. 하여, 뒤르켐의 결론은 이렇습니다. "그러므로 종교의 영향력은 다른 무엇보다도 크다."[3]

여기서 질문은 이렇습니다. "과연 한국 개신교회도 자살률이 타 종교나 다른 집단에 비해 2, 3배 높은가?" 대답은 가타부타 직접적으로 말하기 어렵다는 것입니다. 결론을 도출할 만한 정확한 통계가 없기 때문입니다. 그리하여 몇 가지 간접적으로 추정과 짐작만 할 도리밖에 없습니다. 그러나 앞으로 보게 될 자료에서 그렇다와 그렇지 않다는 상반된 결론을 모두 얻을 수 있다는 것이 어려움을 가중시킵니다.

개신교회 신자의 자살률이 다른 종교인들에 비해 높다는 것을 추론할 수 있는 자료 중 하나는 자살한 연예인 중에 개신교인이 많다는 점입니다. 예를 들어 이은주, 유니, 정다빈, 최진실같이 지난 몇 년 동안 한국 사회를 떠들썩하게 한 연예인들의 면면을 살펴보면, 개신교가 압도적입니다. 여기에는 몇 가지 단서가 추가되어야 합니다. 인기가 높아 주목받던 이들이어서 더 도드라질 수 있었다는 점, 정확한 조사에 근거한 것이 아니라 일반적인 정서에 의존하고 있다는 점에서 근거로 제시하기에는 약하다고 말할 수밖에 없습니다.

조성돈, 정재영 교수가 월간 〈목회와 신학〉과 함께 전국의 개신교인을 상대로 한 자살에 대한 인식 조사 결과는 우리의 판단을 더 어렵게 합니다. 이 조사에 따르면, 개신교인이 느낀 강한 자살 충동과 약한 자살 충동을 모두 합하면, 전체에서 19.2%를 차지합니다.[4] 비율로 보자면, 5명 중 1명이 자살 충동을 느낀 적이 있습니다. 이는 우리 국민 중 10.3%가 자살 충동을 느낀 적이 있다고 응답한 것에 비하면 약 2배에 달하는 수치입니다.

이것은 통계청 조사이고, 한국보건사회연구원의 질문에는 35.4%가 자살을 생각한 적이 있다는 통계를 얻었으므로 이것과 비교하면 개신교인의 19.2%는 비기독교인들에 비해 절반 정도입니다. 자살 충동과 자살 생각은 엄연히 다르다는 점에서, 그리고 동일하게 자살 충동을 물었다는 점에서 통계청 조사와 비교하는 것이 조금 더 객관적일 듯합니다. 그러므로 이 조사를 토대로 조심스럽게 결론을 내린다면, 개신교회가 자살률이 높다는 뒤르켐의 테제는 우리 한국 사회에도 어느 정도 들어맞는다고 할 수 있습니다.

그러나 유력한 반론은 자살률과 이혼율의 상관관계입니다. 뒤르켐은 자살이 많은 곳이 이혼도 많다고 말한 적이 있습니다.[5] 이는 앞서 말한 대로, 개신교 지역은 다른 곳에 비해 이혼과 자살이 많고, 반면 가톨릭과 혼합된 지역이나 가톨릭 지역은 눈에 띄게 적습니다. 우리 사회도 이혼 증가가 세계적 수준에 이르고 있다는 점에서 '자살률=이혼율' 공식이 그대로 적용된다고 가정할 수 있습니다. 정재영 교수와의 개인 통화에서 그는 기독교인의 이혼율이 우리 사회의 이혼율에 비해 약간 낮다고 말해 주었습니다. 그렇다면, 한국 개신교회 신자의 자살률은 타 집단에 비해 현저히 많다기보다는 우리 사회의 일반적 수준과 유사하다고 잠정적으로 말할 수 있습니다.

지금까지는 직접적인 통계 자료에 근거한 논리 전개라기보다는 간접적인 추리에 의지하였기 때문에 허술한 점이 많고, 그리하여 한국 개신교인의 자살률이 일반인에 비해 높은지 여부를 가늠하기 어렵습니다. 다만 지금 이 상황에서 확인할 수 있는 바는, 개신교회가 뒤르켐의 명제처럼 타종교나 다른 집단과 견주어 월등히 높은 자살률을 기록한다는 사실을 부정하기에는 역부족이고, 이혼율과 비교하면 자살이 다른 집단과 비슷한 수준이라는 것입니다. 그러므로 한국 개신교회의 자살률은 일반과 엇비슷하거나 높다고 결론을 내리면 크게 틀리지 않을 것 같습니다.

이는 자살에 있어서 개신교회가 타종교와 비종교 집단과 구별될 만한 유의미한 차이를 찾기 어렵다는 것을 말해 줍니다. 설사 그렇더라도 개신교에 조금 우호적으로 해석하여, 자살하는 신자가 비신자와 비교해서 약간 낮다고 해도 달라지는 것은 없습니다. 우리는 세상의 소금이자 빛으로 더 나은 의를 따라 살라는 부름을 받았습니다. 그런 우리가 세상과 비슷하거나 변별할 차이를 만들어내지 못했다면, 뒤르켐의 기준에 비해 낫다는 것으로 결코 위안을 삼을 일이 아니라, 산상수훈의 가르침에 따라 애곡할 일입니다.

문제는 이러한 후퇴가 자살에 국한되지 않는다는 것입니다. 로날드 사이더는 "그 주제가 이혼이 되었건, 물질주의, 무절제한 성생활, 인종차별, 결혼생활에서의 신체적인 학대, 혹은 성경적 세계관의 부재가 되었건 간에, 여론 조사 결과는 소위 복음주의자이자 거듭난 그리스도인이라는 사람들이 명백한 도덕적 요구에 뻔뻔스러운 불순종으로 일관하고 있다"고 말합니다.[6] 이것은 미국의 경우지만, 한국의 개신교회도 다르지 않을 것입니다. 그러니까 종교적 생활과 달리 실제 삶의 모습에 있어서 비기독교인과 별반 다르지 않고, 더 나아가 신앙과 삶 사이의 깊은 괴리를 확인합니다.

그러므로 개신교는 자살하는 이를 두고 무책임하다거나 인격의 미성숙이라 질타하기 전에, 그렇게 말하는 자신을 먼저 반성해야 하고, 그 말이 다름 아닌 우리 자신을 향한 말이라는 점을 잊지 말아야겠습니다. 개신교회가 자살에 관해서 무책임하고 미성숙한 것은 아닐까요? 자살률이 높은 개신교회에서 자살을 비난하는 목소리의 수위가 갈수록 높아지는 것은 어불성설이 아닐까요? 친절한 금자씨의 말대로 '너나 잘 하세요'가 아닐까요? 우리 주님은 말씀하십니다.

"너희가 비판하는 그 비판으로 너희가 비판을 받을 것이요 너희가 헤아리는 그 헤아림으로 너희가 헤아림을 받을 것이니라"마 7:2.

---

1. 에밀 뒤르켐, 「자살론」, 청아출판사, 58쪽.
2. 같은 책, 176쪽.
3. 같은 책, 174-5쪽.
4. 조성돈·정재영, 「그들의 자살, 그리고 우리」, 예영커뮤니케이션, 79쪽. "개신교인의 자살에 대한 인식 조사," 〈목회와 신학〉 218(2007. 8.), 67쪽.
5. 에밀 뒤르켐, 「자살론」, 청아출판사, 49쪽.
6. 로날드 사이더, 「그리스도인의 양심선언」, IVP, 18쪽.

2부

자살 그리고 성경 I : 인물

4. 신자도 자살 충동을 느끼는가?

신자도 자살 충동을 느끼는가? 이 물음에 대한 대답은 결론부터 말하자면 충격적입니다. 신자도 자살 충동을 느낄 뿐만 아니라 비신자와 견주어 보았을 때, 오히려 그 비율이 높습니다. 자살에 대한 '강한 충동'과 '약한 충동'을 느껴 본 적이 있느냐는 질문에 개신교인들의 19.2%가 그렇다고 대답했습니다. 이는 비율상으로는 거의 개신교인 5명 중 1명꼴입니다. 통계청 조사에 따르면 우리나라 국민 중 10.3%가 자살 충동을 느낀 적이 있다고 합니다. 수치로 놓고 보자면 개신교인이 일반인에 비해 거의 2배에 육박합니다. 충격적인 수치가 아닐 수 없습니다.

실은 충격이라기보다 공포에 가깝습니다. 자살 충동에 사로잡혔던 이들이 그저 날라리 신자, 선데이 크리스천이 아니기 때문입니다. 자살의 유혹을 받던 그 시점에도 그들은 분명한 구원의 확신이 있었고, 스스로 하나님의 자녀요 그리스도인이라고 규정했습니다.[1] 이 대목에서 우리는 그들이 가지고 있는 신앙의 진정성을 의심해 볼 수도 있습니다. 명목상으로 신자일 뿐, 실질적으로 비신자에 다름 아니라고 말입니다. 그러나 그들의 내적 진실함을 판단할 능력이나 근거나 지위는 우리에게 있지 않습니다.

그렇기에 통상적인 의미에서 종교적 행동을 두고 돈독한 신자라고 평가할 수밖에 없습니다. 자살 충동을 느낀 이들의 교회 예배와 소그룹 참여 회수를 조사했더니 예배를 포함한 모임 횟수가 1주 1회 미만이 26.8%, 소그룹 모임에 한 번도 참석하지 않는 이들이 21.1%입니다. 그렇지만 반대로 모임 횟수가 주 3회 이상인 이들은 20.5%를 기록했습니다. 소그룹에 2회 이상 열심히 참여하는 이들은 거의 참석하지 않는 이들보다 훨씬 높은 양상을 보입니다. 28.8%입니다.[2] 그러니까 자살 충동은 신앙 행태로 놓고 보자면, 양극단의 집단에서 강하게 나타납니다. 초보이거나 아니면 오래된 신자이거나. 건성인 신자이거나 열성인 신자이거나. 그런데도 그들은 죽고자 했고, 실제로 그렇게 했습니다.

문제의 심각성은 다른 곳에도 있습니다. 한술 더 떠서 자살 충동에 강렬히 사로잡히는 순간, 그들을 지탱해 준 것은 믿음이 아닙니다.[3] 어머니입니다. 결정적인 순간에 신앙이 끼어들 여지가 없었습니다. 아니, 개입시키지 않았다고 해야 할 것입니다. 자살해서는 안 된다는 것을 잘 알고 있습니다. 게다가 자살하면 지옥 간다는 말이 공공연하게 떠도는 마당에 스스로 죽음을 선택했습니다. 그 상황에서 죽음이 아니라 생명으로 돌아서도록 만든 것은 신앙이 아니라 가족이었습니다.

이를 두고 신앙과 삶의 이원론적 괴리로 볼 수도 있습니다. 삶의 문제에 대한 최종 심급의 결정 기준을 기독교 세계관이 아니라 비기독교적 세계관에 둔 것으로 파악할 수도 있습니다. 하여간 그들은 그리스도인이면서도 스스로 죽기를 원했고 선택했습니다.

그러면 질문을 조금 바꿔야겠습니다. 신실한 신자도 자살 충동을 겪을 수 있는가? 앞서 조사에 충동을 경험한 적이 있다고 하는 이들의 신앙의 내면을 함부로 판단하기는 어렵다고 해도 모세, 엘리야, 욥, 요나를 통해 얼마간 짐작할 수 있습니다. 그들의 공통점은 바로 극심한 고통 속에서 자신의 생명을 거두어 가기를 소원했다는 것입니다. 여기에 바울도 포함됩니다. 누가 그들의 신앙을 의심할 수 있을까요. 이들은 모두 우리를 에워싸고 믿음의 올곧은 길을 걸으라고 격려하는 증인이며, 실제로 그 길을 먼저 걸어간 믿음의 영웅들이 아닌가요.

모세는 그와 견줄 만한 선지자가 없으며, 하나님과 친구처럼 대면하여 교제한 위대한 하나님의 사람입니다신 34:10-12. 모세는 다른 사람들에 비하면 고상하고 고결합니다. 백성들은 영적인 어떤 것이 아니라 먹을거리 때문에 투덜거립니다. 먹을 것이 부족한 것도 아닌데 고기를 양껏 먹고 싶어합니다. 먹고 싶으면 점잖게 달라고 하면 될 것을 울면서 불평하고 항의합니다. 모세를 탄핵하고 다시 애굽으로 돌아갈 태세로 달려드니 갓 광야로 나온 모세로서도 황망하기 그지없습니다. 그래서 자신이 낳은 자식도 아닌 이 백성을 감당하기 버거우니 "제발 주께서 내게 이같이 행하실진대 구하옵나니 내게 은혜를 베푸사 즉시 나를 죽여 내가 고난 당함을 내가 보지 않게 하옵소서"민 11:15라고 기도합니다. 아무리 하나님과 친구라 하더라도 이렇게 말할 수 있나 싶습니다.

엘리야는 혼자서 이교의 사제 850명과 맞붙어 이긴 불세출의 영웅입니다. 하늘에서 불을 내렸고, 그 많은 바알 선지자를 무참히 굴복시켰으며, 생사를 묻는 왕에게 정녕 죽을 것이라고 겁도 없이 외치던 사람입니다. 그랬던 그도 이세벨의 위협 앞에 두려워 멀찌감치 도망하여 로뎀 나무 아래에 앉아서 하는 말이 죽겠다는 것입니다. 차라리 죽여 달라는 것입니다. 하나님이 자신의 목숨을 거두는 것 외에 더 바랄 것이 없다며 하나님께 죽여 달라 간청합니다왕상 19:4. 그런데도 엘리야는 "참으로 원시적인 힘을 가진 인물"이며, 세상과 주

변의 문화에 역행하는 주변부의 길, 그러나 하나님의 길을 걸어간 자로 기억됩니다.[4]

욥은 신앙과 인품에 관한 한 지상에서 짝을 찾을 수 없을 정도로 온전하고 순전하기 그지없는 사람이지만, 예기치 못한 참담한 고통을 겪으면서 태어난 것을 한탄하며 죽고 싶다고 울부짖습니다. "이는 곧 나를 멸하시기를 기뻐하사 하나님이 그의 손을 들어 나를 끊어 버리실 것이라"[욥 6:9, 개역개정판]. 하나님이 날 죽여주었으면 좋겠다는 것입니다. 그도 그럴 것이 다름 아닌 하나님이 자신의 숨통을 끊어놓을 듯한 고통을 허용하셨으니 욥인들 감당하기 쉽지 않았을 것입니다. 이러한 이유로 그에게는 단 하나의 소원이 있었는데 그것은 죽는 것이었습니다. 이것이 가감하지 않은 동방 의인 욥에 관한 진실의 일부입니다.

요나는 두 번이나 죽고자 합니다. 한 번은 자신을 바다에 던지게 하여 죽음을 자청했으나 하나님이 예비하신 큰 물고기 덕택에 살아남았고[욘 1:12, 17], 다른 한 번은 고작 호박넝쿨 하나 때문에 씩씩거리며 화를 내다가, 그럴 바에야 하나님께 차라리 죽여 달라고 떼를 썼습니다[4:8]. 사느니 죽는 게 낫다는 것입니다. 신구약성서를 통틀어 하나님께 가장 거칠게 대들고 생떼를 쓴 사람이 바로 요나입니다. 죽고 싶다고 억지를 부리는 요나의 행적을 두고 평가는 다양할 수 있지만 그 자체를 두고 요나를 비방하려는 의도는 전혀 보이지 않습니다.[5] 이런 이가 북이스라엘의 지도자 격의 예언자이며, 하나님이 직접 불러 파송한 선교사일 수 있단 말인가요.

예수님이 세례(침례) 요한더러 사람이 낳은 이 중에 가장 큰 자라고 했는데, 저는 예수님 이후로 사람이 낳은 자 중에 가장 큰 자는 바울이라 단언할 수 있습니다. 하여간에 바울은 그 어떤 수식과 형용사로도 그 위대함과 깊이를 설명하기에 부족합니다. 그런 그도 힘든 감옥 생활 속에서 죽음을 깊이 고려합니다[빌 1:21-24]. 그리스 로마 전통의 죽음 방정식으로 말하면 차라리 '고상한 죽음'noble death을 선택하고 싶어합니다. 종내는 자신이 원하는 것보다 그리스도와 교회의 유익이라는 더 좋은 것을 받아들입니다.

여기서 죽음은 자연사도, 로마 법정의 판결에 따른 사형도 아닌 자발적인 죽음입니다.[6] 바울이 "무엇을 택해야 할지 알지 못할 진대"라는 말은 묘연합니다. 과연 그 말이 정말 진지하게 삶과 죽음의 경계에서 고민한 것인지 아니면 그럴 수도 있다는 순수한 가정을 담고 있는 것인지는 판단하기 어렵습니다.[7] 그래도 그가 최종 선택을 하기까지의 과정에서 자발적인 죽음을 심사숙고한 흔적이 역력합니다. 어쩌면 바울의 위대함은 그의 단호함과 불굴의 의지 이면에 존재하는 그의 여리디 여린 심성과 성찰을 통과한 것이기에 더욱 빛나는 것이 아닐까요.

구약의 모세에서 신약의 바울에 이르기까지 죽음 또는 자살을 심각하게 고민하고 자살 충동에 사로잡힌 성경인물이 적지 않습니다. 이에 가장 근접한 것이 엘리야일 것입니다. 엘리야도 다른 이들과 같이 하나님께 죽여 달라고 애원했다는 점에서는 동일합니다. 그러나 모세나 욥이나 요나와 달리 엘리야에게는 하나님의 직접적인 행동이 요구됩니다. 엘리야는 하나님이 행동하지 않으면, 다시 말해 그냥 내버려두면 그 자리에서 죽습니다. 엘리야는 매우 적극적으로 죽고자 하는 의지를 표명했고, 그렇게 자신을 내몰았습니다.[8]

위대한 하나님의 사람들일지라도 자살 충동에 빠질 수 있다는 결론을 내리기에는 아직 설명해야 할 것이 남아 있습니다. 죽고 싶다는 말에서 우리는 자살 충동을 읽을 수도 있지만, 다른 한편, 신앙적 열정으로 독해할 여지가 훨씬 많습니다. 다시 말해 그들의 말을 액면 그대로 받아들일 것인가는 텍스트에 대한 더 정밀한 주석 작업이 요청됩니다. 따라서 조심스럽게 결론을 맺을 수 있겠습니다. 그들에게서 죽고자 하는 의지나 의사를 완전히 배제할 수는 없다고 말입니다. 그래서 일면 하나님과 그분의 뜻에 대한 저항의 의사 표현인 동시에 실제로 죽고자 하는 의지의 선택이라고 말입니다. 엘리야에게서 보듯이 뛰어난 신앙의 사람들일지라도 강한 자살 충동이 있습니다.

그렇다면 그런 충동 가운데 함몰되는 우리는 어떻게 해야 하나요? 칼 바르트는 죽고자 하는 욕망이 신앙에서 비롯될 수 있다는 것을 바울의 빌립보서 내용을 근거로 인정합니다.[9] 그러나 그 욕구를 실현하는 최종 권한은 인간이 아닌 하나님에게 있습니다. 바울에게서 보듯이 우리는 자신의 삶과 그 유익이 우선이 아니라 하나님과 다른 이웃, 곧 생명을 살리는 일에 생명을 드려야 합니다. 그것이 생명의 주인이신 분의 뜻입니다. 생명이 생명 되는 길입니다.

성경에 나타난 자살 충동 사례는 하나님에 대한 저항인 동시에 삶에 대한 욕구의 발로였습니다. 그리하여 모세는 이스라엘 백성을 살렸고, 엘리야는 다시 재기하여 예언자의 사명을 수행했으며, 요나는 하나님의 자비 앞에 입을 다물고 고백과 찬양의 의미로 깊은 침묵에 빠졌고, 욥은 끝내 고난을 통과하고 친구들의 사죄를 위한 중보의 기도자요 제사장이 되었으며, 바울은 자신을 관제로 내어드리기까지 하나님과 빌립보 교회를 사랑하여 섬겼습니다. 죽음의 문턱에까지 이르러 본 그들이기에 하나님과 이웃을 위해 더 철저하게 자신을 내던질 수 있었던 것입니다.

'신자도 자살 충동에 빠질 수 있나요?'라는 질문은 "신자의 중생의 상태를 너무 이상적으로 보았기 때문"에 생깁니다.[10] 그래서 두 가지 극단을 배제해야 합니다. '신자가 어찌 자살하며 자살 충동에 빠진단 말인가?'라는 율법주의적인 정죄와, '성경의 위대한 하나님의 사람들도 자살 충동에 사로잡혔는데 하물며 우리랴'라는 방임주의적 허용입니다. 바로 그 하나님의 사람들은 자살 충동을 느꼈으나 믿음으로 극복했기 때문입니다.

---

1. 조성돈·정재영, 「그들의 자살, 그리고 우리」, 예영커뮤니케이션, 80쪽.
2. "개신교인의 자살 인식에 관한 인식 조사," 〈목회와 신학〉(2007. 8.), 67쪽.
3. 조성돈·정재영, 「그들의 자살, 그리고 우리」, 예영커뮤니케이션, 93-94쪽.
4. 유진 피터슨, 「그 길을 걸으라」, IVP, 226-7쪽.
5. James T. Clemons, *What Does The Bible Say About Suicide?*, Fortress Press, 69쪽.
6. 차정식, "'매인 몸'의 나타남과 그 계시적 징후," 〈그 말씀〉 222(2007, 12.), 212쪽.
7. 박정수, "죽음에 대한 신약성서적 해석: 대통령의 죽음에 대한 신학적 성찰," 「제7회 바른교회아카데미 연구위원회 세미나 자료집」(2009), 63쪽.
8. 전성민, "자살과 관련된 구약의 본문들," 「2009 바른교회아카데미 세미나 부가 자료집」, 7쪽.
9. Karl Barth, *Chruch Dogmatics*, T. & T. Clark, 404쪽.
10. 이상원, "자살과 교회의 대책," 〈신학지남〉 280(2004년 가을), 112쪽.

5. 침묵하는 성경, 어떻게 해석할 것인가?

자살에 관한 신학적 성찰은 무엇보다도 성서의 목소리를 경청한다는 의미입니다. 그것이 기독교 철학의 논리든지, 조직신학의 체계든지, 기독교 윤리의 현실이든지, 교회사의 역사든지 간에 최종 판단의 잣대와 원칙은 다름 아닌 성경입니다. 그러나 간혹 우리는 성서가 직접적으로 다루지 않는 새로운 현실과 문제를 마주하게 됩니다. 그렇다면 어떻게 해야 할까요?

성경은 자살에 관해 아주 적은 분량의 이야기를 담고 있고, 그것도 기실 따지고 보면 자살에 관한 것이 아닙니다. 사울, 아히도벨, 삼손, 가룟 유다 등의 죽음이 자살이라는 방식이었는데도 자살에 대해 이렇다 할 평가를 하지 않습니다. 단적으로 성서는 자살이라는 사건을 설명할 이론적 틀이나 개념적 범주가 부재합니다. 정확히 말하자면 관심 사안이 아닌 것입니다. 어찌되었건, 왜 성경이 침묵하는

지, 왜 자살과 관련된 사건인데도 자살이라는 키워드로 읽지 않았는지를 먼저 다루는 것이 바른 순서요 태도일 것입니다.

아히도벨의 죽음을 사무엘서는 아주 담담한 필체로 기록하고 있습니다.

> 아히도벨은 자기의 모략대로 이루어지지 않는 것을 보자, 나귀에 안장을 지워서 타고 거기에서 떠나, 자기의 고향 집으로 돌아갔다. 거기에서 그는 집안 일을 정리한 뒤에, 목을 매어서 죽었다. 그는 이렇게 죽어서, 자기 아버지의 무덤에 묻혔다 삼하 17:23.

저자는 그의 죽음을 사실적으로 짧게 묘사할 뿐이지 특별한 가치 평가적 언어를 사용하지 않습니다. 만약 성경이 묘사하고 있는 이 장면의 분위기를 이해하기 위해 영화나 드라마, 그러니까 영상으로 재현해 본다면 어떨까요? 소식을 듣고 충격을 받는 장면부터 컬러 대신 흑백 화면을 사용할 것 같습니다. 그리고 대사 하나 없이 조용하고 비장한 음악이 배경으로 깔릴 것입니다. 죽고 묻히는 장면scene도 너무 강렬하지 않게 그러나 담담하게 그릴 것입니다. A. A. 앤더슨의 말에 따르면, 그가 아버지의 무덤에 장사되었다는 것은 그 당시에 자살이라는 행동이 어떠한 불명예stigma가 아니기 때문입니다. 비록 일부 후대의 유대교 전통에서 자살을 정죄하지만, 초기의 저자들은 명시적으로 어떠한 부정적인 논평도 하지 않았다는 것입니다.[1]

사울의 죽음은 더 극적입니다. 사울에 대한 성경의 평가는 매우 엄정합니다. 다윗을 끈질기게 죽이려고 했고, 악신에 사로잡혔으며, 말씀에 불순종하여 아말렉을 진멸하지 않았고, 급기야 무당에게 하나님의 뜻을 물었습니다. 그런 그일지라도 자살에 대해 성경은 눈길을 두지 않습니다. 성경은 사울이 기도한 자살에 대해 어떠한 윤리적 평가도 제공하지 않습니다.[2] 그러면서도 읽는 이로 하여금 동정심을 불러일으키도록 기술되어 있습니다.

가룟 유다도 위의 경우와 다르지 않습니다. 그의 죽음을 상당히 비판적으로 기술하고 있다는 점에서 구약에서 자살한 이들과 유다는 비교됩니다. 그러나 죽음을 상세하게 묘사하면서, 은근히 질책하는 듯 보이는 사도행전마저도 자살에 관해서는 아무런 논평이 없습니다. "유다의 경우도 탐욕과 배신이 얼마나 비참한 최후를 가져 왔는가 하는 시각으로 기록되어 있을 뿐 자살 자체에 대해서는 평이 없"습니다.[3] 그런 점에서 성경은 일관되게 자살이라는 형식의 죽음에는 눈길을 주지 않고 있다고 결론을 내려도 되겠습니다.

하지만 칼 바르트는 세 사람의 죽음을 그들의 삶에 대한 간접적인 하나님의 심판 방식이었다고 말합니다.[4] 그들은 하나님이 선택한 이스라엘과 열두 제자를 대표할 만한 사람들로 스스로 인생의 주인이 되어 하나님의 은총과 자비를 거절한 자의 말로를 보여주는 표본입니다. 따라서 바르트가 본 성서의 침묵은 자살에 대한 부정적 인식을 담고 있습니다.

그러나 바르트의 평가는 논란의 여지가 많습니다. 가룟 유다를 제외한 두 사람, 특히 사울의 경우는 비참한 최후의 측면도 있지만, 성경은 그들의 죽음을 영웅적 행동으로 그려내고 있기 때문입니다. "구약 성서에서 자살한 인물들은 통치자의 자존심과 존엄성이라는 구체적인 목적을 달성하려는 마지막 수단으로 자살을 선택한다는 점에서 그들의 자살 선택과 현대인들의 자살 이해는 질적으로 다릅니다."[5] 성경에서 사울의 죽음은 악인의 참담한 마지막이 아니라 일국의 왕으로서의 품격을 유지하기 위한 방편으로 묘사된다는 점에서 바르트의 판단은 성경과 거리가 있습니다. 그러므로 자살을 악인의 삶에 대한 암묵적인 하나님의 심판이라는 바르트의 주장은 너무 과도한 평가가 아닐 수 없습니다.

가장 극적인 죽음은 삼손입니다. 그의 일생과 사역은 전형적인 사사의 것과는 너무 판이하여 논란거리인데다가 죽음 또한 예외가 아닙니다. 많은 학자가 삼손의 죽음을 자살로 분류하기를 거부합니다. 권성수는 "적군을 무찌르기 위해 자신의 몸을 던진 용사의 장렬한 전사와도 같고 물에 떠내려가는 자식을 구출하기 위해 급류에 몸을 던진 어머니의 죽음과도 같다"고 표현할 정도입니다.[6] 윤철원은 고대 교회 이후의 주석학자들과 같이 "그리스도의 자기희생에 대한 상징적 유형으로 해석할 만큼 중요한 의미가 있다고 해석"한다고 귀뜸을 해줍니다.[7]

바르트의 시각도 동일합니다. 삼손을 사울, 아히도벨, 유다와 같이 묶기에는 어려움이 따릅니다. 그들의 공통점은 악인인데 반해, 삼손은 히브리서에 따르면 아브라함, 모세, 다윗과 같은 믿음의 선진이요 구름 같은 증인의 한 사람인 까닭입니다. 그늘보다는 빛이 많습니다. 그러므로 그는 "성경에서 보는 바와 같이, 그는 확실히 자살한 것이 아니다"라고 말합니다.[8]

그러나 삼손이 택한 죽음의 방식을 자살이 아니라고 하는 것은 해석자의 편견으로 보입니다. 바르트에게서 보듯, 명백히 자살의 형태인데도 자살이 아니라고 하는 것은 첫째, 성서 이야기의 일관성과 궤를 달리합니다. 앞서 본 바와 같이 자살에 대해 어떠한 논평을 하지 않는 성경의 관례로 보자면, 삼손의 죽음에서도 말하지 않은 것뿐입니다. 둘째, 윤리적 난점이 발생합니다. 민족과 노동자 계급의 해방을 위한 자살 폭탄 테러는 자살이 아니며 정당한 죽음의 형태인가 하는 간단치 않은 물음 말입니다.

그러면 자살에 대해 침묵하는 성경을 어떻게 해석해야 할까요? 숨어 계심으로 자신을 계시하시는 하나님은 침묵 속에서도 분명 말씀하십니다.

첫째, 하나님은 겸손을 요구하십니다. 낙태를 예로 들어 보겠습니다. 우리는 성경에서 낙태에 대한 직접적인 언급을 일절 찾을 수 없습니다. 성경 전체의 흐름과 관점에 기초하여 판단을 내릴 수밖에 없습니다. 그러기에 우리는 성경이 말하지 않는 것에 대해 말할 때, 겸손한 태도를 가져야 합니다. 성경이 직접적으로 말씀하는 바에 대해서는 대담한 확신을 주장해야 하지만, 그렇지 않은 유의 사안에서는 겸손한 확신을 유지하는 것이 적절합니다.[9]

따라서 특정인의 죽음을 두고 자신의 호불호나 도덕적 잣대, 정치적 관점 등으로 평가하는 것은 성경의 침묵이 열어둔 다양한 해석의 여지를 존중하지 않는 것입니다. 또한 너무 요란하게 떠들고 너무 강하게 상대방을 비판하려드는 것은 성경의 침묵이 암시하는 바, 겸손하라는 암묵적 의미를 망각한다는 점에서 주의를 해야겠습니다.

둘째, 성경 전체의 틀 속에서 자살을 해석해야 합니다. 성경에는 도무지 자살에 대한 범주가 없을까요? 자살을 해석할 수 있는 인식

틀이 부재하다고 문을 걸어 잠궈야 할까요? 이럴 경우, 현미경을 들고 미시적으로 접근하기보다는 망원경으로 좀 멀찌감치 서서 거시적으로 다가갈 필요가 있습니다. 퍼즐을 맞출 때에 퍼즐 하나하나에 집중하면 전체를 보지 못하고 제대로 조각을 맞추지 못하는 법입니다. 전체 그림의 연관 속에서 각 조각을 보아야 합니다. 성경 전체 내러티브를 접근해야 자살에 대한 관점을 볼 수 있습니다. 대표적으로 살인하지 말라는 십계명의 여섯째 계명과 생명은 창조자인 하나님의 것이라는 창조 신앙 또는 생명 신앙 등의 그림에 비추어 볼 때, 자살은 긍정이 아니라 부정될 소지가 다분합니다.

셋째, 자살에 관한 말은 곧 하나님의 구원과 은혜에 관한 말이어야 합니다. 본회퍼는 이렇게 말합니다.

성서 가운데 어디서도 자살을 명백하게 금하지 않았다는 사실은 주목할 만하다. 그러나 성서에서는 (늘 그렇지는 않지만) 자살이 매우 가끔 중대한 죄의 결과로 나타나 있는 것도 역시 주목할 만하다. 그러한 예를 들면 반역자 아히도벨과 유다의 경우다. 이 이유는 성서가 자살을 정당화하기 때문이 아니라, 자살을 금하는 대신 절망 가운데 있는 자를 은총과 자비로 부르기를 바라기 때문이다.[10]

성경의 침묵은 자살을 용인하는 것도 아니고, 정죄하는 것도 아닙니다. 정죄한다고 해서 자살을 막을 수 있는 것이 아니며 도리어 더 큰 절망에 빠지게 합니다. 물론 용인하는 것은 더욱 큰 잘못입니다. 그들에게는 내면에서 들리는 절망의 목소리와 밖의 도덕적 명령이 아니라 위로부터 내려오는 은총의 음성이 절실합니다. 그 은혜만이 죽은 자도 살리고, 죽음에 이르는 자도 살립니다. 본회퍼의 말을 염두에 두었으면 합니다. "삶에의 권리가 아니라 하나님의 용서 아래서 다시 사는 것을 허락하는 은총이야말로 자살의 유혹에 항거하게 한다."[11]

---

1. A. A. Anderson, *2 Samuel, WBC 11*, Word Books Publisher, 215-16쪽.
2. Ralph W. Klein, *1 Samuel, WBC 10*, Word Books Publisher, 288쪽.
3. 권성수, "성경 속의 자살," 〈상담과 선교〉(99·겨울), 9쪽.
4. Karl Barth, *Chruch Dogmatics*, T. & T. Clark, 409쪽.
5. 윤철원, "자살에 대한 성찰: 성서 시대의 이해," 〈활천〉(2002. 8.), 22쪽.
6. 권성수, "성경 속의 자살," 〈상담과 선교〉(99·겨울), 7쪽.
7. 윤철원, "자살에 대한 성찰: 성서 시대의 이해," 〈활천〉(2002. 8.), 21쪽.
8. Karl Barth, *Chruch Dogmatics*, T. & T. Clark, 411쪽.
9. 리처드 헤이스, 「신약의 윤리적 비전」, IVP, 672쪽.
10. 디트리히 본회퍼, 「윤리학」, 대한기독교서회, 145-46쪽.
11. 같은 책, 148쪽.

3부

자살 그리고 성경 II : 고리

6. 자살은 죄인가?

침묵하는 성서에서 우리는 특정 본문이 아니라 전체 이야기 속에서 자살을 설명할 수 있는 해석 틀을 얻을 수 있습니다. 그로부터 우리는 자살은 죄라는 결론을 조심스레 내릴 수 있게 됩니다. 그러나 이 결론에 도달하기 전에 먼저 죄罪가 무엇인지를 규정하지 않으면 안 됩니다. 자살이 죄라면 어떤 의미에서 죄일까요? 그러니까 죄가 무엇인지를 묻고 답하는 것이 전제가 되어야 합니다. 그런 연후에 자살을 금지하는 오랜 신학적 전통을 수긍할 수 있게 됩니다.

죄란 무엇인가?

통상적으로 죄는 '교만'입니다. "예수 그리스도의 빛에서 볼 때 근본적으로 죄는 하나님에 대한 인간의 교만이라고 말할 수 있다."[1] 이

정의에서 눈여겨보아야 할 것은 두 가지입니다. 하나는 예수 그리스도의 빛에서 보아야 한다는 것입니다. 기독교에서 죄는 양심과 상식, 도덕, 질서와 규칙을 어기는 것을 분명 포함하지만 그것이 일차적이거나 본질은 아닙니다. 죄 여부를 판단하는 규준은 하나님과의 관계 아래서만 성립됩니다. 다른 하나는 교만입니다. 교만은 소극적으로 자기 한계를 부정하고 스스로 자기에게 신이 되려는 것이며, 적극적으로는 참된 신인 하나님에 대한 반역을 의미합니다.

기독교는 교만 못지않게 '단절'을 죄의 핵심으로 이해합니다. 구약에서 죄를 가리키는 단어로 널리 쓰이는 것이 '하타'chatha인데, '올바른 목표를 빗나가다, 규범으로부터 일탈하다'라는 뜻입니다. 신약에서는 '하마르티아'hamartia입니다. 이 또한 과녁을 빗나가다는 의미를 담고 있습니다. 이를 토대로 스탠리 그렌즈는 죄는 실패failure라고 정의합니다.² 무엇의 실패인지를 말해야 한다면, 그래서 더 정확하게 말하자면, 죄는 관계의 단절입니다. 관계의 어긋남입니다. 하나님과 인간, 인간과 인간, 그리고 자기 자신과의 사이가 막히거나 멀어진 것입니다.

죄의 본질을 해명하려면 교만과 단절 모두 필요합니다. 교만은 반드시 관계를 전제합니다. 단절은 교만의 필연적 결과입니다. 그러나 죄는 교만보다 단절이라고 보는 것이 자살을 설명하는 데 유용한 개념이라고 보입니다. 자살하는 이의 심중에 인생과 생명의 주인이 '나'라는 암묵적 교만을 간과할 수는 없습니다. 하지만 희망을 상실하고 존재의 이유를 잃어버린 아노미 상태에서 자살을 냉큼 교만이라는 잣대를 들이대는 것은 그리 적절한 것 같지 않습니다. 그래서 토마스 아퀴나스가 자살이 왜 죄인가를 정리한 것을 곧 보겠지만, 죄의 범주는 관계의 단절로 보는 것이 더 적절합니다.

교만으로 인한 관계의 단절을 극복하는 하나님의 방법은 예수 그리스도의 십자가입니다. 십자가로 서로 원수가 된 하나님과 인간, 유대인과 헬라인 사이를 가르는 담을 자기 몸으로 허물어 하나 되게 하고 새 사람이 되게 하셨습니다^{엡 2:14-16}. 예수님은 자기를 위해 생명을 사용하지 않고 남을 위해 희생하심으로 구원과 평화를 성취하셨습니다. 그러므로 참된 삶과 죽음은 '자기중심'이 아니라 '자기희생'입니다. 자기중심은 교만과 관련되고, 자기희생은 관계를 전제합니다.

자살은 정당화되는가?

아퀴나스는 다음 세 가지 이유로 자살이 정당화될 수 없다고 말합니다.[3] 정리하면 이렇습니다. 첫째는 자기 자신과의 관계에서 보면, 자살은 용납될 수 없습니다. 무릇 살아 있는 모든 존재는 본질적으로 자신을 사랑하고, 부패와 사멸에 저항합니다. 자살은 자신의 타고난 본성을 거스르고 자기 자신에게 자비를 베풀지 않는 것이기에 죄입니다. 자살은 자연법과 자비에 반하므로 항상 치명적인 죄라는 것입니다.

아퀴나스의 설명에서 주장은 동의하지만, 근거는 재검토해야 합니다. 그는 계시 신학이 아니라 자연 신학을 기초로 삼고 있습니다. 즉, 하나님의 은총의 관점이 아니라 인간의 타고난 권리의 눈금으로 자살을 다룹니다. 때문에 스탠리 하우어워스는 자살이 왜 금지되는가를 묻고는 인간의 타고난 "살고자 하는 자연적 욕구"라는 아퀴나스의 주장에 대해 반론을 제기합니다.[4] 우리 모두가 그런 욕구를 갖고 있는 것인지 불명확하고, 그것이 도덕적 의미를 내포한다고 보기에는 미약하다는 것입니다.

그리하여 아퀴나스의 주장보다는 본회퍼의 설명이 더 마음에 듭니다. 본회퍼도 자살이 자신에 대한 죄라는 점에서는 일치합니다. 다만, 그는 루터파 신학자답게 칭의의 관점에서 접근합니다. 자살은 "절망 상태에서도 아직 가장 숭고한 자기 의를 성취하려는 인간의 자유"입니다. 즉, "자살은 인간적으로 무의미하게 되어버린 생명에 최후로 인간적인 의미를 부여하려는 인간의 시도"라는 것입니다.[5]

둘째는 자살은 공동체에 죄를 짓는 것입니다. 모든 개인은 사회의 한 부분으로 공동체에 소속되어 있습니다. 따라서 자살은 자신이 속한 집단에 피해를 주는 행위입니다. 아퀴나스의 이 설명은 공동체를 우선하는 아리스토텔레스의 윤리학을 반영합니다. 그는 노예가 자살하는 것을 반대했는데, 그 까닭은 공동체의 재산을 침해하기 때문입니다.

이 또한 수정될 필요가 있습니다. 하우어워스는 전체와 부분의 관계보다는 공동의 이야기를 공유하는 것으로 공동체를 정의합니다.[6] 내가 어떤 공동체에 속하느냐는 어떤 이야기를 듣고 사느냐를 뜻합니다. 공동체란 그저 따뜻한 온기를 느끼는 곳 이상입니다. 공동체는 "공동의 이야기로 형성된 사람들의 모임"입니다. 공통된 기억을 소유하고 있기에 공동체입니다. 하우어워스에 따르면 자살하는 사람들은 대부분 비난 받을 만한 일이 있어서라기보다는 오랫동안 공동체 안에서 포기와 분리의 과정을 겪으며, 그것이 최종적으로 자살로 드러난 것입니다. 그런 점에서 자살은 공동체의 실패를 보여주는 표식입니다.

이 대목에서 우리는 장 아메리를 말하지 않을 수 없습니다. 인간을 죽음으로 내모는 현대 세계의 광기와 폭력을 적나라하게 고발해 온 아우슈비츠 생존 작가이자 끝내 자신의 표현을 빌리면 1978년

10월 17일 스스로 손을 내려놓는 자유죽음을 선택한 사람입니다. 그는 그 누구보다도 자살의 권리를 강력하게 옹호합니다.

그가 스스로 죽을 수 있는 권리를 주장하는 두 가지 근거 중 하나는 자유입니다. 그가 보기에 인간은 그 무엇으로도 속박당하지 않을 자유가 있고, 그 누구에게도 소속되지 않을 자유가 있습니다. 다른 하나는 앞 논리의 자연스러운 귀결로 생명의 주인은 자기 자신이라는 것입니다. 장 아메리는 생명은 오롯이 자기 것이라고 선언합니다. "근본적으로 인간은 자기 자신에게 속하는 존재다. 사회적으로 복잡하게 얽혀 있는 그물망을 뒤집어씌우지 않고 생각해야 하는 존재가 인간이다."[7]

그러니까 아메리는 자살을 죄라고 규정하는 세 가지 신학적 근거를 모두 부정합니다. 자기 것을 두고 자신의 자유로 죽음을 선택한 것이니 자신에게 죄가 되지 않고, 사회적 관계 속에 포섭되지 않는 독립적이고 자존적인 존재가 인간이므로 이웃 그 누구에게도 잘못이 아니며, 그 어떤 타인이라도 침해할 수 없고, 생명의 주인이 자신이므로 설령 하나님이라 할지라도 가타부타 간섭할 수 없습니다. "그는 주님이 주는 게 아닌, 자기 자신이 선택한 죽음을 맞이했다. 그는 자신의 자유죽음과 함께 오롯이 홀로일 뿐"이라는 것입니다.[8]

과연 그런가요? 아메리가 상정하고 있는 것과 달리 인간은 홀로

일 수 없습니다. 인간은 스스로 생겨나지 않습니다. 그는 관계에 의해 존재하게 되었고, 관계 속에 살고 있습니다. 때문에 아메리의 주장은 사회적 관계를 배제하고 나면 옳지만, 사회적 관계에서 벗어난 사람이란 애초에 없습니다. 자유란 관계 속에서 누릴 수 있는 것입니다. 그러므로 공동체와 무관한 사람이 없으므로 자살은 자유도 아니고, 내 임의로 선택할 성질의 것도 아닙니다.

마지막으로 자살은 하나님께 죄입니다. 인생은 하나님의 선물입니다. 만약 어떤 사람이 타인의 노예를 살해하면 그것은 그의 주인에게 죄를 짓는 것입니다. 노예의 삶에 최종 판단을 할 수 있는 유일한 주인인 하나님을 신뢰하지 못한다는 증거입니다. 오직 하나님만이 살게도 하고, 죽게도 하십니다[신 32:3]. 아퀴나스의 설명을 좀 더 명료하게 풀어내면, 인생은 하나님의 선물이라는 것과 그것의 주인은 하나님이라는 것입니다.

앞의 두 가지와 달리 아퀴나스의 이번 주장에 대해 저는 흔쾌히 동의합니다. 자살이 한편으로 내 생명이니 내 것이라고 말하고 있다는 점은 기독교 신앙으로 정당화될 수 없습니다.[9] 생명은 내 것이 아닙니다. 하나님 것입니다. 하나님에게서 온 것이고 그분에게 속한 것입니다. 인생이란 살만 한 것인지의 결정은 내가 아니라 하나님이 하십니다. 인간은 의견을 가질 수 있으나 결정권은 없습니다.

다른 한편, 삶이란 은총과 선물로 주어진 것입니다.[10] 선물 자체가 목적이 아닙니다. 그 선물로 자신과 이웃, 하나님을 섬기고 사랑하라고 그분이 친히 주신 것입니다. 창조자도, 인생의 주인도 아닌 우리가 그 선물을 자신의 것인 양 소유하고 사용하고 폐기하는 것은 애초에 금지된 일입니다.

도스토옙스키의 「악령」에서 끼릴로프는 자살은 곧 그가 신이 된다는 것을 의미한다고 말합니다.[11] 신이 있다면, 그 신의 생명 의지에 반해서 자기 스스로 생명을 단절하는 것은 그 신에 대한 대항이자 스스로 신이 되는 것입니다. 만약 신이 없다면, 그야말로 자신이 신이므로 자기 생명의 주인 행세를 할 수 있다는 것입니다. 그런 점에서 자살은 인간이 하나님 앞에서 최후의 수단으로 자기 자신을 정당화하는 행위라고 파악한 본회퍼는 옳습니다.[12] 자살은 하나님에게 죄입니다.

죄가 되지 않는 자살은 있는가?

어거스틴에 따르면, 죄가 되지 않는 자살이 있습니다. 자기 살해라는 점에서 자살도 살인의 범주에 포함시키는 어거스틴은 살인죄가 되지 않는 살인이 있다고 말합니다. 그럴 경우 당사자는 그 죽음에 대해 책임을 지지 않습니다. 두 가지 경우가 여기에 해당합니다. "하나님의 법이나, 어떤 때에 어떤 사람에게 부여된 특별한 명령에 의하여 정당화되는 경우"입니다.[13] 전자는 하나님의 권위로 수행하는 전쟁이고, 후자는 국가의 권위에 따라서 사형을 집행하는 경우입니다.

자살을 의논하면서 살인을 들고 나서는 것은 뜬금없어 보일 겁니다. 그리스도인이 어떠한 경우라도 자살할 수 없는 것은 "살인하지 말라"출 20:13는 계명을 심각하게 위반하기 때문이라고 설명한 어거스틴으로서는 전쟁 수행과 사형 집행이 여섯째 계명의 살인 금지 명령의 예외 사례가 된다는 점을 밝히지 않으면 안 되는 것입니다. 전쟁과 사형을 다루는 것은 이 책의 목적과 범위를 많이 벗어나지만, 어떠한 경우에도 자살을 금지하던 어거스틴이 살인의 경우에는 예외를 두는 것은 논리적으로 일관되지 못하다 할 수 있습니다.

전쟁과 사형의 정당화는 현대의 발달된 군사 무기와 핵 무장으로 인해 심각한 한계를 겉으로 다 드러내 보입니다. 그리고 하나님이 과연 전쟁을 허용하시는지, 그리고 대관절 국가가 무엇이기에 생명을 죽일 수 있는 권한이 있다는 것인지, 쉽사리 풀리지 않는 많은 의문이 있습니다.

무엇보다 예외를 허용하는 기준의 문제입니다. 위에서 죄는 관계를 단절하는 자기중심적 교만이라고 정의했습니다. 그리고 그 죄를 역전하는 그리스도의 구속 사역은 자기희생적 섬김이라 했습니다. 그렇다면 정당화되지는 않지만 비난할 수 없는 자살의 기준은 자기희생적 섬김으로서의 죽음입니다.

본회퍼는 몇 가지 사례를 예시합니다.[14] 어떤 죄수가 자기 민족이나 가족을 배반하지 않으려고 자살하는 것, 배가 침몰할 때 구명보트나 구명선을 양보하는 것, 터지는 폭탄에 자기 몸을 던져 동료를 구하는 것 등입니다. "어떤 정치가가 적에게 굴복하리라는 위험 앞에서 자기의 생명을 끊음으로써 자기 국민의 쓰라린 상처를 면하게 할 수 있을 때는 자기를 죽이는 것이 희생의 동기가 강하기 때문에 그것은 비난받을 행위로 취급하기가 불가능"하다고 그는 말합니다.

그러나 본회퍼는 "자신의 영예, 성적인 정열, 경제적 파산, 도박으로 인한 부채나 중대한 개인적 과실 등과 같은 순전히 개인문제가 그 동기가 된다면, 즉 타인의 생명을 보호하기 위해서가 아니라, 단지 자기 자신의 삶을 정당화하기 위해서 자살하는 것과는 분명히 그 사정이 다르다"고 못을 박습니다.[15] 칼 바르트도 자기희생적 드림은 자기 파멸이 되는 살인이 아니라고 합니다.[16]

자살 폭탄 테러와 같이 타인과 자신을 동시에 죽이는 행위는 자기희생적 측면이 있지만, 궁극적으로는 타인의 생명에 대한 하나님의 주권과 그가 속한 공동체를 파괴한다는 점에서 살인의 범주에 속할 수밖에 없습니다. 그러나 전철에서 일본인을 구하고 죽은 일본 유학생 이수현의 경우는 다른 사람의 생명을 구하기 위해 온전히 자신을 내어준 것이므로 그것을 자살이라는 개념으로 포섭한다면, 비난 받을 수 없고 정당화될 수 있는 죽음입니다. 바로 예수 그리스도의 십자가가 그러했듯이 말입니다. 누구도 해치지 않으면서도 모든 사람을 구원하기 위해 단 한 사람, 자신을 희생 제물로 바친 죽음은 우리가 자살을 토론하고 판단하는 기준을 제시합니다.

자살이 죄인 세 가지 이유

이제 이 장을 정리할 때가 되었습니다. 첫째, 자살은 죄입니다. 하나님과 이웃, 그리고 자신에게 죄입니다. 초대교회 교부들은 순결이 폭력에 의해 위협받을 때 자살은 허락된다고 보았습니다. 그러나 어거스틴은 엄격히 금지했습니다. 이 점에서는 어거스틴이 옳다고 봅니다. 자살은 금해야 하고 막아야 합니다. 자살은 안락사의 미끄러운 경사와 같고 판도라의 상자와 같아서 조금이라도 허용할 기미가 보이면, 더 많은 문제를 야기할 위험이 있습니다. 설령 이런 논리적 허용이 자살을 부채질하는 것은 아니더라도 자살하는 이의 최후 방어 수단을 무장해제 하는 역할을 하게 되니 말입니다.

둘째, 그러나 성서의 침묵에서 그리고 자기희생적 죽음이라는 기준으로 모든 자살이 비난을 받거나 부당한 것은 아닙니다. 정당화될 수 있는 죽음도 있다는 것은 동시에 인정해야 합니다. "생명을 희생할 자유가 존재하는 한, 자살을 금지하는 것은 절대화될 수 없다"[17]라고 본회퍼는 말했습니다. 이 말은 오해의 소지가 있기에, 자살을 허용될 수 있다기보다는 정당화될 수 있다는 것으로 해석하면 되겠습니다. 그리고 자살이라도 용서받을 수 없는 죄 자체는 아닙니다. 자살보다 더 어리석고 악한 방식으로 생명을 앗아가는 경우가 많기 때문입니다.[18]

셋째, 자살을 죄라고 단정하고 금하는 목적은 단죄가 아닙니다. 생명을 살리기 위한 예방적 차원이지, 사후에 자살한 이를 두고 비방하라고 교리를 사용해서는 안 된다는 말입니다. 바른교회아카데미가 발표한 목회권고문은 이 점을 잘 지적했습니다. "스스로 목숨을 끊는 것은 죄다'라는 말은 죽을 사람을 살리는 용도로 사용되어야 할 말이지, 이미 죽은 이와 유족들에게 한 번 더 정죄의 낙인을 찍는 용도로 써야 할 말이 아닙니다."[19] 자살을 공동체 이야기로 접근한 하우어워스는 "자살은 먼저 그 행위자에 대한 심판이 아니다. 우리가 서로를 포기하지 않고 헌신하는 공동체를 구현하는 데 실패

했다는 것을 상기한다"는 점에서 동의합니다.[20]

우리가 자살에 관해 말을 함에 있어서, 그리고 궁극의 해결책을 탐구하기 전에 유의해야 할 태도가 있습니다. 아니 피해야 할 자세입니다.[21] 하나는 고압적인 종교적 논조입니다. 심한 증오감과 혐오감에 사로잡혀 차마 상종 못할 것으로 몰아붙이는 것입니다. 다른 하나는 차가운 과학적 접근입니다. 생명과 자살을 그저 통계나 수치로 환원하는 것은 삶에 대한 경외와 인간의 인격성에 대한 존중과 거리가 먼 것입니다. 모두 율법적인 태도입니다.

반면, 우리는 은혜를 말함으로 율법을 이기고 완성합니다. 부활의 관점 아래서만 죽음과 삶은 제 의미를 가집니다. 그것을 배제하고 말하는 것은 우리가 바리새인이 되어 가고 있다는 증거입니다. 우리가 자살을 죄라고 하는 것은 율법이나 도덕, 이해관계가 아니라 예수 그리스도 안에 있는 하나님의 은혜에 대한 기쁜 소식에 근거합니다.

사형을 기다리던 본회퍼가 자살하지 않은 것도 자살이 죄가 되기 때문이 아니라 하나님의 은총과 그 은총이 선사하는 부활의 현존 때문입니다. "그가 자살을 선택하지 않은 것은 전쟁이 곧 끝나 수용소에서 풀려날 수 있으리라는 기대 때문만은 아니었을 것이다. 오히려 절망 속에서 하나님의 은총으로부터 오는 새로운 삶을 그가

이미 경험했기 때문"입니다.[22]

---

1. 김균진, 「기독교조직신학 II」, 연세대학교출판부, 97-102쪽.
2. 스탠리 그렌즈, 「조직신학: 하나님의 공동체를 위한 신학」, 크리스챤다이제스트, 279-87쪽.
3. Thomas Aquinas, 「신학 대전」, Second Part of the Second Part, Question 64, articles 5.
4. Stanley Hauerwas, "Rational Suicide and Reasons for Living," *Suffering Presence*, University of Notre Dame Press, 105-06쪽.
5. 디트리히 본회퍼, 「윤리학」, 대한기독교서회, 144쪽.
6. Stanley Hauerwas, *Truthfulness And Tragedy: Further Investigations into Christian Ethics*, University of Notre Dame Press, 111-15쪽.
7. 장 아메리, 「자유죽음: 삶의 존엄과 자살의 선택에 대하여」, 산책자, 173쪽.
8. 같은 책, 182쪽.
9. Karl Barth, *Chruch Dogmatics*, T. & T. Clark, 404쪽.
10. Hauerwas, *Truthfulness And Tragedy*, 107-09쪽.
11. 표도르 도스토옙스키, 「악령 (下)」, 범우사, 344-66쪽(3부, 6장, 2.)
12. 디트리히 본회퍼, 「윤리학」, 대한기독교서회, 144쪽.
13. 성 어거스틴, 「하나님의 도성」, 크리스챤다이제스트, 1권 21항.
14. 디트리히 본회퍼, 「윤리학」, 대한기독교서회, 147쪽.
15. 같은 책.
16. Karl Barth, *Chruch Dogmatics*, T. & T. Clark, 410쪽.
17. 디트리히 본회퍼, 「윤리학」, 대한기독교서회, 147쪽.
18. Karl Barth, *Chruch Dogmatics*, T. & T. Clark, 405쪽.
19. 바른교회아카데미, "노무현 전 대통령 서거를 맞이하여 한국교회에 드리는 목회적 권고문". 부록 1에 그 내용을 실었다.
20. Stanley Hauerwas, *Truthfulness And Tragedy*, University of Notre Dame Press, 106쪽.
21. 알프레드 알바레즈, 「자살의 연구」, 청하, 17쪽.
22. 채수일, "자살은 죄인가?" 〈기독교 사상〉 537(2003. 9.), 56쪽.

7. 자살은 용서받지 못할 죄인가?

"정말 자살하면 지옥에 가나요?" 마른 눈물을 흘리며 묻는 그 분은 모 교회 권사입니다. 엄마에게는 너무 착한 딸이었고, 교회에서는 남보다 열심이었는데, 사전에 그리 힘들다는 말 한마디 없이 떠나가버린 딸에 대한 그리움과 안쓰러움, 그러면서도 죄스러움이 가득합니다. 그러나 가장 아프게 하는 것은 자살하면 지옥에 간다는 말입니다. 교회 권사라 교회에 제대로 말도 못하고 지내는 처지에 딸의 영혼을 생각하니 가슴이 미어집니다. 과연 자살하면 지옥에 가나요?

자살하면 지옥에 가는가 하는 질문에 대해 이야기하기 전에 우리는 자살은 용서받지 못할 죄인가를 먼저 묻지 않을 수 없습니다. 자살이 분명 죄라는 점은 신학자들 간에 이견이 없어 보입니다. 그러나 그것이 도저히 씻지 못할 죄로, 지옥에 가야 할 만큼의 죄인지,

우리 죄를 사하러 오신 예수님의 대속이 자살한 자에게는 이르지 못하는가는 전혀 다른 문제입니다. 자살이 능히 용서 받을 수 있다면 지옥을 운운하는 것은 어불성설일 것이고, 용서 받을 수 없는 죄라면 그제야 지옥에 가는가라는 물음이 성립됩니다.

저는 이미 다른 책에서 "가롯 유다는 용서 받을 수 있는가?"를 생각해 본 적이 있습니다.[1] 죄 용서에 관한 한, 유다는 논쟁적인 질문을 생산합니다. 유다가 용서받지 못한다면 하나님의 구원은 어디까지인가? 반대로 유다가 용서받는다면 이 세상에 심판받을 사람이 누구일까? 유다가 용서받지 못한다면 아무도 용서받지 못할 것입니다. 그렇다면 그리스도의 십자가는 무력합니다. 반면, 유다가 용서받는다면 아무나 용서받습니다. 그렇다면 그리스도의 십자가는 무용합니다.

저의 결론은 용서 받을 수 있다는 것입니다. 가롯 유다가 용서 받을 수 있다는 것이 가롯 유다로부터 온 복음입니다.[2] 그 근거는 두 가지입니다. 하나는 저 역시 가롯 유다와 결코 다르지 않다는 점입니다. 저는 언제라도 은전 서른 냥만 던져주면 제가 사랑하는 것들, 주장하는 것들을 내동댕이칠 가능성이 농후하다는 것을 너무나 잘 알고 있습니다. 제게서 가롯 유다의 모습이 어른거릴 때마다 소스라치게 놀랍니다. 그래서 가롯 유다가 용서 받을 수 없다면,

저 또한 용서 받지 못합니다. 다른 그 누구도 아닌 하나님의 아들을 배신한 죄가 용서 받을 수 있다면 이 세상에 용서 받지 못할 죄인은 없을 것입니다.

다른 하나는 복음의 능력에 대한 확신에서 그렇게 말할 수 있습니다. 히브리서는 예수님의 보혈의 능력을 구약의 제사와 비교합니다. 한 사람의 일 년치 죄를 사하기 위해 비둘기나 양, 소를 희생 제물로 드렸습니다. 물론 양이나 제사 자체에 마술적인 신비한 능력이 있어서가 아니라 하나님 은혜의 언약에 의한 것이지만, 예컨대 양 한 마리가 제가 일 년 동안 지은 죄를 용서하는 효력이 있다면, 하나님의 아들, 예수를 희생 제물로 드린 대속은 단번에 모든 죄를 용서해 주고도 남음이 있습니다. 하나님의 아들을 죽인 죄도 용서받는다면, 그를 배신한 죄도 용서 받을 가능성이 있습니다.

그러므로 설령 자살이 심각한 죄라고 하더라도 용납하지 못할 죄는 아니라는 바르트의 주장에 자연스럽게 수긍하게 됩니다.[3] 죄의 경중을 다투는 것은 쓸데없는 짓이지만, 그래도 자살보다 더 멍청하고 악한 방식으로 생명을 앗아가는 경우도 많습니다. 추악하고 사악한 살인자도 하나님의 형상으로 창조되었고, 그에게도 복음이 필요합니다. 그가 극악한 죄를 지었고, 그래서 도저히 용서받을 수 없다면, 우리는 헛되이 복음을 전하는 것이 됩니다. 바르트의 비교처럼 더 나쁜 죄인도 능히 용서 받을 수 있다면 자살한 사람도 구원받을 수 있다고 말할 수 있겠습니다.

어떤 이들은 그럼에도 "자살하면 지옥에 간다"는 교설을 다른 이유로 주장합니다. 첫째, 자살하면 그 죄에 대해 회개할 기회를 얻지 못한다는 것입니다. 이는 두 가지 점에서 문제가 있습니다. 하나는 경험적인 것입니다. 실제로 많은 기독교인이 마지막 죽음의 순간에 회개는커녕 기도도 하지 못할 수 있습니다. 많은 기독교인이 급박하게 죽는 수가 많습니다.[4] 심한 치매에 걸렸거나, 교통사고를 당하거나, 의식을 잃은 채 오랫동안 투병생활을 하는 등의 경우가 비일비재합니다. 그리고 생각나지 않거나 모르고 회개하지 않은 것도 많습니다. 그렇다면 이들도 지옥에 있다고 말할 수 있을까요?

다른 하나는 신학적인 것입니다. "구원은 인간이 지은 죄를 남김없이 회개한 공로를 근거로 하여 결정되는 것이 아니라 예수 그리스도를 믿는 믿음을 가졌느냐에 따라서 결정"됩니다.[5] 특정한 죄 하나에 대해 회개하지 않았다는 이유 때문에 자살로 구원이 취소된다면, 그래서 진실한 회개로 우리에게 베푸신 하나님의 은총을 받아들인 자가 한 가지 죄에 대해 회개하지 않았다고 구원을 잃어버린다면, 역으로 우리는 자신의 선행과 공로로 구원받았다는 기이한 결론에 이르게 됩니다.

김용복은 구원론에 대한 칼빈주의와 알미니안주의, 두 가지 견해를 대조하고, 어떠한 관점에 서더라도 구원을 상실한다고 보기 어렵다고 말합니다.[6] 성도의 견인을 믿는 사람들은 한 번 구원은 영원한 구원이므로, 그가 자살을 했든 타살을 했든 하나님이 택한 사람은 구원을 잃어버리지 않습니다. 한편으로 성도의 배교를 주장하는 이는 믿음을 떠나면 구원을 상실한다는 것을 인정합니다. 그렇다면 자살은 배교일까요? 배교는 예수님을 십자가에 다시 못 박아 현저히 욕보이는 것을 말합니다. 자살 자체는 믿음을 떠났다는 증거도 아니며 믿음을 가진 자도 자살할 수 있으므로 그는 구원을 박탈당하지 않는다고 말해야 합니다.

---

1. 김기현, "유다는 용서받을 수 있는가?" 「가룟 유다 딜레마」, IVP, 83-90쪽.
2. 레이 앤더슨, 「가룟 유다로부터 온 복음」, 가리온.
3. Karl Barth, *Chruch Dogmatics*, T. & T. Clark, 405쪽.
4. 디트리히 본회퍼, 「윤리학」, 대한기독교서회, 145쪽.
5. 이상원, "자살과 교회의 대책", 〈신학지남〉 280(2004년 가을), 112쪽.
6. 김용복, "자살하면 구원받지 못하는가?" 〈뱁티스트〉 40(1999), 51쪽.

8. 자살하면 지옥에 가는가?

자살하더라도 구원받을 수 있다면, 자살을 했다는 단 하나의 이유만으로 지옥을 말하는 것은 부당합니다. 자살하면 지옥에 간다는 설교나 말은 많지만, 텍스트 상에서 명시적으로 주장하거나 더군다나 근거를 제시한 것을 찾기란 무척 힘이 듭니다.[1] 대중에게는 자살하면 지옥에 간다는 통속적인 교설이 어떠한 죄도 예수 안에서 용서 받을 수 있다는 정통 교리를 이기고 있습니다. 그래서 그런 통속이 위력을 발휘하는 인터넷을 검색했더니 한 군데에서 이것에 대해 나름 논리적으로 설명한 글을 찾을 수 있었습니다.[2]

불과 유황이 타오르는 바다?

모 목사는 단정적으로 말합니다. "정말로 자살은 지옥에 이르는 심판을 받게 되는 것일까요? 두말할 것도 없이 지옥에 이릅니다. 이유는 매우 분명합니다. 모든 생명은 하나님의 소유이기 때문입니다. 하나님이 동의하지 않으시면 참새 한 마리조차도 죽일 수 없습니다. 우리가 인간인 것은 하나님이 창조하실 때 우리에게 생명을 불어넣으셨기 때문입니다." 하나님의 주권을 침해한 것은 죄일 뿐이지 여기서 지옥에 이른다는 결론에 이르는 것은 지나치고 성급한 비약이 아닐까요?

그가 제시한 성경적 이유는 요한계시록입니다.

그러나 비겁한 자들과 신실하지 못한 자들과 가증한 자들과 살인자들과 음행하는 자들과 마술쟁이들과 우상 숭배자들과 모든 거짓말쟁이들이 차지할 몫은, 불과 유황이 타오르는 바다뿐이다. 이것이 둘째 사망이다계 21:8.

이 구절이 '자살=지옥'의 근거가 되기 위해서는 적어도 세 가지 물음을 통과해야 합니다. 첫째는 여기서 말하는 살인자가 자살한 자여야 합니다. 자살이 자기 살인이라는 말은 개념 정의상 불가능한 것은 아닙니다. 그러나 앞에서 성경은 자살이라는 오늘날의 개념을 갖고 있지 않고, 자살했다는 이유만으로 자살한 자를 그 악인이라도 비난한 일이 없으므로 이 구절을 근거로 삼아 말하는 것은 다소 무리가 따릅니다. 다만, 성경 텍스트 자체에 근거하기보다는 교리를 토대로 말한 것입니다.

둘째, 그렇다면 살인한 자도 지옥에 가야 합니다. 자살에 비해 살인이 더 심각한 죄라는 점에서 자살한 자가 지옥에 간다면, 살인자도 자살한 자와 마찬가지일 것입니다. 그러나 그렇지 않습니다. 그런 자도 진실로 회개한다면 하나님의 구원을 받지 못할 하등의 이유가 없습니다. 우리의 구원은 우리가 행한 선에 의해서 쟁취한 것이 아니듯, 우리가 행한 악에 의해서 취소되는 것도 아니기 때문입니다.

마지막으로 백보 양보해서 자살한 이도 살인자에 해당한다고 하더라도, 이 구절은 근거가 될 수 없습니다. 이 구절에 의거해서 자살하는 사람이 지옥에 간다고 말할 수 있다면, 둘째 사망에 들어갈 죄목으로 지목된 것들, 거짓말, 두려움 등도 지옥에 간다고 말해야 하는 문제가 발생하기 때문입니다. 마술쟁이와 우상 숭배자는 예외로 하더라도 말입니다. 그렇다면 지옥에 가지 않을 사람은 아무도 없습니다. 달리 말해 누가 천국에 들어갈 수 있단 말입니까?

시험 사례 : 가룟 유다

자살하면 지옥 가는지 여부를 시험할 수 있는 또 하나의 사례가 가룟 유다입니다.[3] 저는 가룟 유다는 자살했으니 지옥에 가지 않느냐는 질문을 많이 받았습니다. 그들이 하나같이 하는 말은 이렇습니다. 생명의 주인인 하나님의 주권을 침해한 것은 돌이킬 수 없는 큰 죄라는 것입니다. 맞는 말입니다. 그러나 첫째 답변은 이것입니다. 한 영혼의 운명, 곧 천국과 지옥에 대해 갖는 관심은 내가 보기에 불건전한 관심이고, 그것 자체가 창조주인 동시에 심판자인 하나님의 주권에 대한 간섭입니다. 다만 우리는 유다와 동일한, 아니 어쩌면 더한 죄를 지은 죄인인데도 용서하시는 하나님의 크나큰 은총을 노래할 따름입니다.

둘째, 확언할 수 있는 바는 자살이 명백히 죄이지만 자살을 기준으로 삼아 그의 지옥행을 단정하는 것은 무리입니다. 그러면 천국에 갔다는 것이냐 하고 항변할 수도 있을 겁니다. 요지는, 자살이 죄이기는 하지만, 지옥에 갈 만한 죄, 그리스도의 십자가를 무위로 돌릴 만한 죄란 존재하지 않는다는 점에서 그의 자살만으로 지옥에 떨어졌다는 것은 성경적으로, 논리적으로 근거가 희박합니다.

셋째, 조심스럽게 말할 것은 만약 가룟 유다가 지옥에 갔다고 말한다면, 그 가능성은 그의 자살에 있지 않고 다른 것에 있습니다. 그것은 회개의 유무입니다. 단적으로 말해 지옥은 죄를 짓는 영혼이 가는 곳이 아니며, 천국은 선을 행하는 자가 가는 곳이 아닙니다. "지옥은 죄를 지은 자가 가는 것이 아니라 회개하기를 거절한 자의 자리"입니다.

그렇다면, 유다는 회개했을까요? 마태복음은 유다가 뉘우쳤다고 보도합니다^{마 27:3-4}. 두 가지 점에서 그의 뉘우침은 회개에 이르지 못합니다.[4] 하나는 마태가 사용한 "뉘우치다"는 헬라어로 '메타멜로마이'metamelomai입니다. 이는 단지 감정적인 동요를 가리킵니다. 후회하는 감정입니다. 그러나 성경에서 말하는 회개는 '메타노이아'metanoia입니다. 이는 잘못된 길인 줄 깨닫고 돌아서서 다시 바른 길을 가는 것을 말합니다. 한자로 회개悔改는 '뉘우칠 회悔'와 '고칠 개改'로 이루어져 있습니다. 잘못된 길, 잘못된 삶을 뉘우치고 본시 가야 할 길로 가기 위해 고치는 것이야말로 회개입니다. 탕자는 자신의 잘못을 깨닫고 아버지에게로 돌아왔습니다. 참된 후회는 구원에 이르게 하는 회개^{고후 7:10}이지만, 유다는 멸망에 이르는 후회만 했을 뿐입니다.

다른 하나는 그의 행동입니다. 다른 어떤 복음서나 정경보다 마태는 신앙과 회개의 증거로 성품과 행동이라는 열매를 강조합니다. 그가 진실로 회개했다면, 그의 행동은 바로 자살로 연결되지는 않앉을 것입니다. 예수 그리스도를 만나 회개한 자의 변화된 삶은 외적인 행동으로 표현됩니다. 바디매오는 예수를 따랐고, 삭개오는 가난한 자에게 재산을 나누어 주었으며, 성전 미문의 앉은뱅이는 펄쩍 펄쩍 뛰면서 하나님을 찬양합니다. 다시 말해 회개는 합당한 열매와 행동으로 나타납니다. 베드로의 뉘우침이 구원과 새로운 사명에 이른 것과 비교할 때, 유다의 자살은 그의 후회가 회개가 아니라는 증거가 됩니다.

예방과 교육

그러나 자살하면 지옥에 간다는 말은 예방적 차원과 교육적 효과가 있지 않을까요? 누군가 자살하면 지옥에 가느냐고 심각한 표정으로 묻는다면, 어쩌면 그는 자살을 신중하게 고려하고 있을 가능성이 있습니다. 그런 이들에게 자살하면 지옥에 가지 않는다고 말하는 것은 그들이 최후 방어선으로 설정해 둔 보호막을 제거하는 것이 아닐까요? 그런 이들에게 자살하면 지옥에 간다는 말로 그들 스스로 위험천만한 잘못을 범하지 않도록 하는 것이 옳지 않을까요?

이 점에 관해 이상원은 복음적이면서도 유용한 지침을 제공합니다. 그렇게 말하는 것이 얼마간 효과가 있음을 인정하더라도 "복음의 진리를 왜곡시키고 진실이 아닌 가르침에 근거하여 교육적 효과를 거두려고 해서는 안 된다. 목적이 선하면 방법도 선해야" 합니다.[5] 그가 보기에 이런 방식으로 효과를 얻으려 하는 것은, 중세말기 로마 가톨릭의 복음 왜곡과 교회 부패의 전철을 되밟는 것입니다. 선행을 하지 않으면 지옥에 간다는 가르침으로 신자들을 두려움에 사로잡히게 해서 악을 행하는 것을 어느 정도는 통제할 수 있을 것입니다. 하지만 결국 공로주의에 빠지고 미신에 사로잡혀, 돈을 주고 구원을 사고파는 면죄부가 횡행했습니다. 따라서 "교육적 효과는 복음과 진리를 희생시키지 않는 방법으로 도모되어야" 합니다.

그러나 교회는 자살로 구원을 상실하지 않는다는 교리를 전달할 때 지혜로워야 합니다. 사탄이 악용하여 더 많은 자살을 부추길 수 있기 때문입니다. 다음은 이상원의 말입니다.

공예배 석상에서는 자살은 기독교인이 피해야 할 죄라는 것과 구원은 오직 예수 그리스도를 믿는 믿음이 있는가에만 근거하여 결정된다는 점을 동시에 강조하는 선까지 나아가는 것이 바람직하다. 다만 자살한 가족이 있는 성도들이 자살한 가족이 죽은 후에 간 길에 대해 불안에 사로잡혀 있을 때 개인적인 상담을 통하여 신앙고백을 한 자라면 사망을 포함한 그 무엇도 그리스도의 사랑에서 끊을 수 없다는 말씀으로 위로해 주면 될 것이다.

---

1. 자살하면 지옥에 간다는 말의 출처를 찾으려고 조성돈, 정재영 교수에게 물어보았으나, 두 사람 모두 이 말이 풍문으로 떠돌 뿐 그 근거를 찾지 못했다고 했다.
2. 2006년 경에는 모 목사의 교회 홈페이지에 이 글이 있었으나 최근 검색해 보니 없었다.
3. 김기현, "유다는 자살했으니 지옥 가는가?" 「가룟 유다 딜레마」, IVP, 79-81쪽.
4. 김기현, "유다는 용서받을 수 있는가?" 「가룟 유다 딜레마」, IVP, 86-88쪽.
5. 이상원, "자살과 교회의 대책," 〈신학지남〉 280(2004년 가을), 113쪽.

9. 자살, 고통을 피하는 수단인가?

자살을 고민하고 시도했거나 실행하려는 이들은 하나같이 자살을 자신이 당하는 고통을 마감하는 수단으로 사용합니다. 지금 겪는 고통보다 차라리 죽는 것이 더 낫다고 여기거나 이 고통이 곧 끝나리라는 소망을 가질 수 없을 때 죽음을 선택합니다. 더는 삶의 출구나 비상구조차 찾을 수 없을 때 자살은 고통을 끝장내는 최후 수단입니다. 그러면 자살은 고통스러운 현실에서 탈출하는 방편일까요? 자살은 고통에서 벗어나는 선택이 될까요? 그렇다는 대답을 얻기 위해서는 다음 질문에 모두 그렇다고 해야 합니다.

자살이 죄가 아니라면

자살은 죄인가? 이는 6장 "자살은 죄인가?"에서 다루었습니다.

중복을 피하기 위해 요점만 간략히 되짚어볼까 합니다. 자살은 하나님과 이웃, 그리고 자신에게 죄입니다. 죄가 분명한 이상, 자살은 죄를 죄로 처리하는 잘못된 방법입니다. 성 어거스틴이 「하나님의 도성」을 쓰게 된 사정도 우리의 질문과 흡사합니다. 로마를 약탈하는 야만족의 폭력 앞에 속수무책으로 당해야 하는 약자들, 그들 중, 특별히 여성이 성폭행에 적나라하게 노출되었습니다. 신실한 그리스도인 여성들도 예외가 아니었습니다. 그들 중 자살을 선택하는 이들이 왕왕 있었습니다.

여자 성도들 일부가 자살을 선택한 데는 대략 세 가지 이유가 있었습니다. 성적 폭력을 당하기 직전에 자살함으로써 성적 고통을 당하지 않게 되니 자살하는 것이 차라리 낫다는 것이 첫째 이유입니다. 둘째, 자기도 모르게 육체의 정욕에 사로잡혀 성적 쾌락을 즐기게 되는 죄를 피하게끔 할 수 있기 때문입니다. 마지막으로 사악한 적의 육체적 충동과 죄악을 미연에 방지하는 효과가 있다고 여겼습니다.

어거스틴은 이러한 이유의 이면에 똬리를 틀고 있는 전제를 집중 공략합니다. 죄를 죄로써 피할 수 있느냐는 것입니다. 우리는 죄로써 죄를 회피하고자 노력해서는 안 됩니다. 행여 더 큰 죄에서 벗어나기 위해 작은 죄를 택할 수는 있다 해도, 이 경우는 그렇지 않습니다. 오히려 정반대입니다. 작은 죄를 피하기 위해 더 큰 죄를 선택하는 것은 어리석기 짝이 없습니다. "구원에 이르게 하는 회개를 위한 여지를 남겨놓지 않는 사악한 행위보다는 회개함으로써 회복될 수 있는 잘못을 범하는 편이 더 낫지 않는가?"[1] 어거스틴의 논법은 만약에 둘 다 죄라면, 그들 중에 더 큰 죄악을 피하고, 더 작은 죄를 선택하는 것이 정말 합리적이고 불가피한 그러나 선택이라는 것입니다.

고통은 피한다고 해결되지 않는다

고통은 피한다고 해결되지 않습니다. 순간의 고통과 죄를 피하기 위해 자살을 선택한다면, 이 세상에서 겪는 수많은 유혹과 고통을 어떻게 인내하며 믿음의 경주를 할 수 있는가라고 어거스틴은 반문합니다.[2] 자살이 고통을 피하는 수단이라면, "우리는 새롭게 세례 받은 이들을 권면하는 데 시간을 낭비할 하등의 이유가 없다"는 것입니다. 차라리 죄에서 구원받은 이들을 찾아다니면서 자살하라고 설득하는 게 낫지, 뭐하러 그리스도를 따르자고 권면하느냐는 것입니다.

자살이 고통을 피하는 길이라면, 그래서 천국에 가는 지름길이라면, 성경이 말하는 온갖 미덕들, 예컨대 고난 가운데서 하나님을 찬양하고, 그분의 뜻을 궁구하며, 인내의 덕목을 함양하고, 자신의 고통으로 고통 받는 또 다른 이웃을 돕는 그리스도의 대속적 고통은 무슨 의미가 있다는 말입니까?

삶은 계속 고통스러운가?

우리의 삶은 앞으로도 계속 고통스러운가?[3] 삶을 지탱해 주는 강력한 동기는 희망입니다. 오늘보다 내일이 더 나을 것이라는 꿈이 오늘의 시련을 견디고 극복하게 합니다. 자살하는 이의 심리 기저에는 희망이 없습니다. 아무리 생각해도 지금보다 나아질 기미는 없고, 갈수록 더 나빠질 것이라고 판단합니다. 과연 그런가요? 그렇게 미래를 예측할 수 있고, 그런 판단이 옳은가요? 고난에 관한 진실 중 하나는 모든 인간이 예외 없이 고난을 받는다는 사실입니다. 우리는 여기에 하나를 더해야 합니다. 모든 고난은 반드시 지나간다는 점입니다. "그러므로 내일 일을 걱정하지 말아라. 내일 걱정은 내일이 맡아서 할 것이다. 한 날의 괴로움은 그 날에 겪는 것으로 족하다"[마 6:34]

장 아메리는 인생은 살 만하다는 말은 거짓말이라고 단언합니다.[4] 거짓인 줄 뻔히 알면서도 살아야 한다는 이유로 어쩔 수 없이 희망을 품게 만드는 것이 참으로 헛되다는 것입니다. 이를 두고 희망고문이라고 합니다. 진실에 기반하지 않은 말로 희망을 강요하는 것은 가혹한 고문일 뿐이라는 것입니다. 희망할 수 없는데도 희망하라고 윽박지르는 것이야말로 자신에게 주어진 자유를 빼앗기게 된다고 그는 말합니다.

하지만 엘리자베스 퀴블로 로스는 죽음을 앞둔 어느 환자, 설령 그가 어떤 질병으로 고통을 받든, 어떤 상태에 처해 있든 간에, 그들 모두는 희망을 버리지 않는다고 말합니다.[5] 그것은 고통스러운 삶에 대한 자기 방어라는 소극적 차원도 있을 뿐더러 고통을 적극적으로 이겨낼 수 있는 힘의 원천입니다. 아직 도래하지 않은 내일은 결정되지 않은 자유의 세계입니다. 지레 살 만하지 않다고 현재를 근거로 미래를 단정하는 것은 한 치 앞도 예측하지 못하는 인간의 한계를 훌쩍 뛰어넘는 무례하고 무리한 판단이 아닐 수 없습니다. 희망은 아직 오지 않은 시간을 새롭게 합니다.

어느 현명한 왕이 자신의 반지에 다음과 같은 문구를 새겨 넣어 매일 아침저녁으로 묵상했고, 그래서 훌륭한 통치자가 되었습니다. 그 말은 이렇습니다. "이 또한 지나가리라"This, too, shall pass away. 좋은 일이 닥칠 때, 희희낙락하고 기고만장할 것 없습니다. 잠시 지나

갈 일입니다. 궂은 일이 밀려와도 마찬가지입니다. 낙담하고 절망할 일이 아닙니다. 어느새 지나가기 마련입니다. 고통도 기쁨도 이 세상에서는 영원하지 않습니다. 그런데도 지금 내가 겪는 시험이 영원하리라 생각하는 것은 이만저만 착각이 아닐 수 없습니다. 고통은 잠시 머물렀다 지나갑니다. 잠깐 고통을 겪겠지만, 계속 고통스럽지는 않습니다.

고통은 의미가 없는가?

고통에는 아무런 의미가 없는가? 우리가 당하는 고통에 아무런 의미가 없다면 자살을 선택할 수 있습니다. 때로 사람이 겪는 고초는 이유를 알지 못합니다. 대표적인 경우가 구약성경의 욥입니다. 성경을 읽는 독자는 저자가 들려주는 이야기 속의 배경을 통해 욥이 왜 그렇게 큰 재난에 빠지는지를 알지만, 정작 욥 자신은 모릅니다. 고난의 이유는 몰라도, 욥에게 그 고난은 의미 있습니다. 그는 고난을 통과하면서 하나님을 인격적으로 만났고, 자신을 아프게 한 친구를 용서하게 되었고, 이전보다 더 큰 복을 받았습니다.

욥보다 더 극적이고 확실한 것이 예수님의 십자가입니다. 예수님에게 십자가는 정말 이유가 없습니다. 하나님의 아들인 그분이 십자가를 져야 할 하등의 이유가 없습니다. 자살을 선택하는 이들의 심리에는 자신이 당하는 까닭 모를 고통에 대한 항거의 측면이 없지 않습니다. 그 점에는 예수님과 동일합니다. 다만, 그분은 십자가를 통해 하나님의 뜻을 이루고 잃어버린 자를 구원했습니다. 즉, 자신의 고통을 다른 이들을 구원하는 수단으로 삼은 것입니다. 이 점에서 예수님과 자살하는 이들은 전혀 다릅니다. 자살은 자신의 고통을 이웃에게 전가하는 것이지만, 예수님의 십자가는 자신의 고통으로 이웃을 구원합니다.

마틴 루터 킹은 흑인이라는 이유만으로 민권 운동 과정에서 숱한 고초를 겪었습니다. 감옥을 제집 드나들 듯했고, 집은 두 번이나 폭파되었고, 몇 번의 테러를 당했으며, 가족도 생명의 위협을 받아야 했습니다. 킹은 자신의 고통으로 흑인은 물론 백인마저도 구원하리라 결단합니다. 고통에 저항하는 길과 고통을 창조하는 힘으로 바꾸는 길 사이에서 그는 후자를 선택합니다. "고통에서 나 자신을 구하는 유일한 길이 있다면 내 개인적인 시련으로 자신을 변화시키고, 지금 비극적인 상황에 처해 있는 사람들을 도와줄 기회로 삼고자 한 것이었습니다."[7] 까닭 없는 고통은 있을지언정, 의미 없는 고통은 없습니다.

죽으면 삶은 끝나는가?

 죽음으로 삶은 종결되는가? 자살하는 많은 이들은 죽음을 지나 더 나은 새로운 세계에 대한 동경과 환상이 있습니다.[8] 과연 그럴까요? 자살이 고통을 피하기 위한 방법이 되려면 죽음 이후의 삶이 없거나, 있다면 행복하거나, 아니면 적어도 현재보다 더 나아야 합니다. 죽음 이후의 삶에 대해서는 객관적인 판단을 하기 어렵습니다.[9] 영원한 심판이 아니라 무無로 소멸한다는 견해를 선택하는 데는 용기가 필요합니다. 그런 판단 근거와 선택할 용기도 없이 자살하는 것은 무모하기 그지없습니다.

 이 점에 대해 두 가지를 생각해 볼 수 있습니다. 죽음 이후의 삶이 없는 경우와 있는 경우입니다. 사후 세계가 없다고 해도, 자살은 고통을 피하는 길이 아닙니다. 내세가 없다고 해도, 현세의 삶에 지장을 초래합니다. 현재로 미래를 재단하여 미래의 가능성을 차단하고, 고통이 주는 아픔에 집착하느라 고통 속에 담긴 의미를 깨닫지 못했으니 의미 있는 삶을 살 여지를 제거했습니다.

 퀴블러 로스는 말합니다. "죽음 뒤의 삶이 없다면 죽음은 보다 심각한 문제가 된다. 우리의 고통이 천국에서 보상받지 못한다면, 고통은 그 자체로 이미 아무 의미도 없는 것이다."[10] 고난이 없는 인생은 없습니다. 그러므로 고난에 의미가 없다면 인생도 의미가 없습니다. 자살은 지금 당하는 고통을 극복하면서 얻게 될 의미를 놓쳐버리는 선택이므로 혹여 고통을 피했다 하더라도 더 큰 의미를 잃어버린 것이기에 결코 고통을 피했다고 할 수 없습니다.

다른 하나는 과연 내세가 없는가입니다.[11] 파스칼의 '내기 이론'wager theory은 내세가 있는지를 확률로 설명합니다. 내세가 있다고 믿고 산 사람과 그렇지 않다고 믿고 산 사람이 있다고 해봅시다. 내세가 있다와 없다는 확률적으로 반반입니다. 이럴 경우 우리는 필히 불이익을 최소화하고, 이익을 최대로 하는 쪽을 선택해야 합니다. 그것이 합리적인 사람입니다. 그렇지만 선택에 따른 결과는 전부all 아니면 전무nothing입니다.

만약 내세가 없다면, 없다고 믿은 사람이 얻을 것은 아무것도 없습니다. 물론 내세를 믿은 사람도 동일합니다. 내세가 없으니 그 또한 무엇 하나 누릴 것이 없습니다. 그러나 반대로 내세가 있다면 완전히 달라집니다. 없다고 믿은 사람은 망하는 것이고, 있다고 믿고 산 사람은 흥하는 것입니다. 그러므로 "만약 당신이 이긴다면 모든 것을 얻게 되고, 당신이 지는 경우에도 당신은 아무것도 잃지 않는다. 그러니 주저하지 말고 신이 있다에 걸어"야겠습니다.[12] 그러므로 자살은 의미 있는 삶의 종결이고, 죽음 이후의 삶에 대해서는 득은 하나도 없고, 실만 많은 나쁜 선택입니다.

자살은 이웃에게 피해를 끼친다

마지막으로 다른 사람에게 고통을 전가하지 않는가? 백보 양보하여 자살이 자신의 고통을 경감시킬 수 있다고 인정하더라도, 살아남은 이들, 특히 가족은 어떨까요? 국립서울병원 연구에 따르면, 자살자의 가족은 자살 전에는 85.37%가 의료 이용 경험이 전혀 없었는데, 자살 후에는 40.84%가 이용하지 않았습니다. 그만큼 병원 이용이 늘었다는 말입니다. 일반 진료는 14.26%에서 57.47%로 약 4배 정도 늘어났고, 정신과 질환은 0.37%에서 1.69%로 4.6배 증가했습니다. 일인당 진료비는 자살 전에 비해 전체적으로 2.82배 증가했고, 일반 질환 진료비는 3.22배, 정신과 질환은 4.36배 증가한 것으로 나타났습니다.[13]

여기에 자살로 인한 생산과 수입 상실은 의료비용 증가와 견줄 수 없을 정도로 많습니다. 해마다 자살에 따른 손실은 3조 7백억 원 정도인데, 그 중 본인의 의료비용이 95억 원, 가족은 57억 원을 차지합니다. 그렇다면 나머지 약 3조 548억에 가까운 돈은 고스란히 사회와 가족이 떠안아야 합니다. 한마디로 자살은 사회적인 손실일 뿐만 아니라 특히 가족에게는 크나큰 경제적 어려움을 주고, 정신적인 고통마저 가중시키는 행위인 것입니다.

두 명의 뉴욕 정신과 의사가 50여명의 자살 미수자를 조사한 바에 따르면, 그들 중 95%가 가까운 관계, 즉 "부모나 형제·자매·배우자 등이 극적인, 때로는 비극적인 상황 아래서 죽은 사람들"이고, "이들 중 75%는 그들이 청년기를 벗어나기 이전에 그 같은 근친의 죽음을 경험한 사람들"입니다.[14]

살아남은 자에게는 이루 다 말할 수 없는 정서적인 죄책감과 함께 엄청난 경제적 부채와 부담을 떠안기게 됩니다. 본인의 고통이 사라질지도 미지수인데다가 남은 가족에게도 고통의 짐을 지우니 이중삼중의 잘못입니다.

"인간이 된다는 것은 고통을 받는다는 것이다."[15] 하우어워스는 이 말이 지혜롭고 올바른 말이기는 하지만 규범과 당위는 아니라고 했습니다. 고통당해 마땅한 존재는 결단코 없습니다. 그러나 우리는 우리 힘으로 어찌지 못하는 고통을 당할 수밖에 없습니다. 마틴 루터 킹에게서 보듯이 불가피한 고통을 의미 있는 고통으로 만들 것이냐 아니면 의미 없이 고통스럽게 당할 것이냐는 우리가 어찌 할 수 있는 자유의 영역에 속해 있습니다. 고통을 끝내는 길은 삶에 고통이 있다는 점을 인정하고, 그 고통을 수용하고 의미를 발견하는 것에 달려 있습니다. 그럴 때, 삶은 더 이상 고통스럽지 않습니다.[16]

이 장의 제목, 곧 "자살, 고통을 피하는 수단인가?"라는 질문에 대한 대답은 "전혀 그렇지 않다"입니다. 고통을 경감시키기는커녕 도리어 고통을 증가시키며 가치 있는 삶을 저해합니다. 자살은 고통의 출구가 아니라 입구입니다. 끝내기가 아니라 연장전입니다. 살 길은 고통스러운 삶 안에 있습니다. 고통을 벗어날 길은 고통 자체에 있습니다. 고통 속에서 의미를 발견하든지, 아니면 고통을 벗어나는 의미 없는 선택을 하든지, 둘 중 하나입니다. 어떤 것을 선택할 것입니까?

1. 성 어거스틴, 「하나님의 도성」, 크리스챤다이제스트, 1권 25항.
2. 같은 책, 1권 27항.
3. 유호종의 글을 보라. "고통에서 벗어나기 위해 자살할 만한가?" 〈철학과 현실〉 64(2005년 봄), 142-49쪽.
4. 장 아메리, 「자유죽음」, 산책자, 245-47쪽.
5. 엘리자베스 퀴블러 로스, 「죽음과 죽어감」, 이레, 417쪽.
6. 김기현, 「하박국, 고통을 노래하다」, 복있는사람, 243-62쪽.
7. 마틴 루터 킹, 「나에게는 꿈이 있습니다」, 예찬사, 53쪽.
8. 육성필, "자살의 심리학적 이해," 한국자살예방협회 편 · 이홍식 외 공저, 「자살의 이해와 예방」, 학지사, 85쪽.
9. 유호종, 「고통에게 따지다」, 웅진, 168-71쪽.
10. 엘리자베스 퀴블러 로스, 「죽음과 죽어감」, 이레, 30쪽.
11. 예수의 부활의 역사적 진실성과 그분의 죽음과 부활이 가져다주는 희망과 현재적 삶의 의미에 관해서는 다음을 보라. 톰 라이트, 「마침내 드러난 하나님 나라」, IVP.
12. 파스칼, 「팡세」, 민음사, 343/233. 파스칼의 내기 이론은 신앙을 고민하고 회의하는 이들에게 복음을 전하기 위한 최후의 수단이자 불가피한 방편이었다는 점에서 이미 모순을 안고 있었다. 뿐만 아니라 하나님은 증명되는 신이 아니라고 주장한 자기 논리와도 모순이 있다. 그것을 잘 알고 있기에 "이제는 자연의 빛을 따라 이야기해 보자"고 제안한 것이다. 그러므로 내기 이론은 제한적으로 사용되어야 한다.
13. 서동우·정상혁, "자살의 실태와 문제점," 한국자살예방협회 편, 「자살의 이해와 예방」, 74-75쪽.
14. 알프레드 알바레즈, 「자살의 연구」, 청하출판사, 147쪽.
15. Stanley Hauerwas, *Suffering Presence*, T. & T. Clark, 168쪽.
16. 스캇 펙, 「아직도 가야할 길」, 열음사, 16쪽.

4부

자살 그리고 우리

10. 자살의 교회론 : 그러면 어떻게 할 것인가?

이제 이 책의 막바지에 다다랐습니다. 여기서 당연히 던져야 할 물음은 "그러면 어떻게 할 것인가?"일 수밖에 없습니다. 실토하자면, 이 질문은 처음부터 잠복해 있었습니다. 자살을 말한다는 것은 통계적 수치나 신학적 담론을 멋들어지게 읊어대는 것이 목적이 아니기 때문입니다. 율법학자가 "이웃이란 무엇인가?"를 물었다면, 예수님은 "누가 네 이웃인가?"를 묻습니다. 율법학자가 '무엇'what에 관심을 기울였다면, 예수님은 '누구'who에 마음을 두었습니다. 율법학자는 이웃에 대한 사변적인 논의에 골몰하였지만, 예수님은 이웃을 사랑하는 실천적 행동에 몰두하였습니다.

자살에 관한 문제도 이것과 다르지 않습니다. 지금도 죽음을 진지하게 고민하는 이들, 자살한 이들의 가족을 어떻게 도울지를 논의해야 합니다. 어쩌면 진부하기조차 한 고전적 질문을 던지고 대답을 찾아야 할 때입니다. "그러면 어떻게 할 것인가?"

왜 사람들이 자살하는 것일까요?, 자살에 대해 성경은 무엇을 말합니까?, 자살에 대해 성경은 직접적인 대답을 주고 있습니까?, 왜 개신교의 자살률이 높은 걸까요?, 중생한 신자라도 자살 충동을 경험한다는 게 가당키나 한 일입니까?, 자살이 고통을 피하는 수단입니까? 등의 물음은 자살의 유혹과 충동에 빠지는 이들과 남은 유가족들을 어떻게 섬길 것인지, 교회 공동체가 어떻게 치유하는 공동체가 될 수 있는지를 묻는 것에 다름 아닙니다.

이 책의 주제와 관심과 관련해서 크게 세 가지를 제안할까 합니다. 우선, 하나님에 대한 바른 이해가 시급합니다. 잘못된 신관과 인생관은 서로 연결되어 있기 때문입니다. 자살의 원인 중 가치의 혼동에 따르는 아노미 자살이 많은 비중을 차지합니다. 그래서 올바른 신학과 신앙의 정립도 절실합니다. 하나님의 은혜와 복음에 대한 이해가 선행되어야 하고 한국교회의 고질적인 병폐로 지적되는 성공주의, 기복주의를 극복해야 합니다.

뒤르켐도 이 부분을 지적한 바 있습니다. 그는 자살이 예전보다 더 빈발하는 것은 삶이 특별히 어려워졌거나 살기 위해 더 애써야 하기 때문도, 욕구가 덜 충족되었기 때문도 아니라고 말합니다. 그는 "그보다는 우리가 지금 우리의 정당한 욕망의 한계를 모르고 있으며, 노력의 방향을 알지 못하기 때문"이라고 말합니다.[1] 복음은 우리더러 날마다 자기를 부인하고 주님을 따르라 합니다눅 9:23. 우리는 자신의 욕망을 채우기 위해서가 아니라 하나님의 뜻이 이루어지는 것을 푯대로 삼아 달려가기 위해 이것을 정확하고 바르게 가르치고 배워야 합니다.

좀 과장입니다만, 충분히 있을 법한 예를 하나 들어볼까 합니다. 고3 학생이 일 년 내내 예배는 물론 교회에 얼굴 한 번 내밀지 않았습니다. 믿음깨나 있다 하는 목회자나 중직자의 자녀입니다. 고등부 사역자나 교사들은 종종 예배드리다가 공부 못해서 대학 못 가면 하나님께 영광이 되느냐는 말을 듣습니다. 그래서 한 학생의 인생이 걸린 문제라고 묵인하거나 방조합니다. 그런데 그 학생이 일류 대학에 합격했습니다. 하나님의 은혜라고 감사하고, 헌금하고, 광고하고, 간증까지 합니다.

반면, 개인적으로 경건생활도 열심히 하고, 예배는 물론 봉사도 충성스럽게 감당해도 진학에 실패하거나 취업하지 못하면, 신앙이 없거나 광신적인 모습으로 간주됩니다. 스스로도 대학에 진학하지 못하거나 사회에서 성공하고 성취하지 못한 사람이기에 실패한 인생이라 여깁니다. 더 나아가 하나님에게 버림받았다는 죄책감마저 갖게 됩니다. 이것은 내가 한 것으로 구원받는다는 공로주의, 율법주의에 다름 아닙니다.

요셉 이야기를 읽으면 참 흥미로운 대목이 있습니다. 요셉이 성공했다는 말씀은 그가 보디발의 집에서 노예로 살 때$^{창\ 39:2,\ 3}$와 감옥에서 죄수로 지낼 때$^{39:23}$입니다. 그가 총리가 되었을 때는 그런 구절이 없습니다. 성공의 의미와 목적은 내가 높아지고 커지고 세지고 많아지는 것이 아니라, 내 형편과 무관하게 사람들과 세상에 하나님을 드러내는 것입니다. 하나님을 바로 알아야 합니다.

그 하나님은 은혜의 하나님입니다. 성경이 자살을 명백하게 금지하지 않는 까닭은 자살을 정당화하기 위한 것이 아니라, 하나님은 자살을 심각하게 고려하고 있는 이들에게 은총과 자비를 베푸신다는 것을 강조하려는 것이라고 본회퍼는 해석합니다.[2] 그분은 나의 실패와 실수, 악함과 약함을 개의치 않으시고 모조리 용서하십니다. 내 인생을 가늠하는 것은 내가 얼마나 많은 돈을 벌었는가와 같은 세상적인 성공이 아닙니다. 내 모습 그대로 사랑하시는 한량없는 은총 안에 우리는 서 있습니다. 은혜를 깨닫는 것이 우리로 하여금 자살의 유혹을 이기게 합니다.

둘째, 개인이 노력해야 합니다. 자살은 고통의 측면에서 보아야 합니다. 자살하는 사람들은 왜 나만 이런 고통을 당하느냐며 억울해합니다. 가혹한 현실 속에서 그런 질문을 이해 못할 바 아니지만 삶의 진실과 현실에 대한 착각입니다. 누구나 고통 받기 때문입니다. 인간으로 태어났다는 것은 고통당할 수밖에 없다는 말과 다르지 않습니다. 하나님의 아들 예수님도 심한 고통을 겪으셨고 고통을 통해 배우고 성숙하셨습니다. 그러니 별수 없는 인간인 나도 고통당하지 않을 수 없습니다.

또한 지금 당장 힘든 이 시기가 끝이 보이지 않는다고, 출구가 없다고 지레 낙담하고 미래에 대해 비관하고 자살하려는 사람들은 질문을 해볼 필요가 있습니다. "앞으로도 계속 고통스러울 건가?" 그렇지 않습니다. 어떻게 보내든 간에 고통은 반드시 지나가게 되어 있습니다. 고통의 한복판에 있을 때는 죽을 것 같고, 끝이 없어 보여도 언젠가 반드시 고통의 날은 지나가고 새 날이 올 것입니다.

앞에서 '이 또한 지나가리라'는 문구를 반지에 새긴 왕 이야기를 했습니다. 이것은 왕에게 좋은 날과 좋은 일이 있어서 우쭐대기 쉬운 것도 금세 지나갈 것이니 교만하지 말라는 뜻이고, 감당키 벅찬 시련도 닥치겠지만 그 또한 지나가고 말 것이니 절망에 사로잡히지 말고 나라를 다스리라는 것입니다. 그 짧은 문장이 한 왕을 지혜롭게 했을 테고 그 나라는 참으로 풍요로웠을 것입니다.

우리 기독교에서 보석 같은 신앙이 있으니 바로 종말론 신앙입니다. 한마디로 끝이 있다는 믿음입니다. 악이 패배하고 선이 승리한다는 믿음입니다. 답답한 현실 속에서도 믿음이 흔들리지 않고 주의 좁은 길을 포기하지 않고 신실하게 견뎌낸 이들을 축복해 주시고 상 주실 것이라는 믿음입니다. 이는 현실 도피가 아닙니다. 도리어 부당한 현실을 극복하고 살아가는 지혜입니다. 고통에는 종착지가 있습니다.

하나님이 우리를 만드시고 부르신 까닭은 고통 없는 세상이 아니라 고통 속에서 하나님의 백성답게 빛과 소금이 되라는 것입니다. 요한복음의 대제사장적 기도는 그 점을 분명히 보여줍니다. "내가 아버지께 비는 것은, 그들을 세상에서 데려 가시는 것이 아니라, 악한 자에게서 그들을 지켜 주시는 것입니다"15절. 그런 다음 주님은 18절과 19절에서 우리를 세상에 보내시고, 세상에서 거룩하게 살게 해달라고 하늘 아빠에게 청원합니다. 우리를 위한 주님의 기도는 악과 고통이 난무하는 세계를 속히 떠나는 것이 아니라 그 속에서 빛과 소금이 되라는 사명을 발견하고 하나님의 백성답게 거룩으로의 여정으로 가게 해달라는 것입니다.

느헤미야는 예루살렘 성이 무너지고 황무해졌다는 소식을 듣고 심히 괴로워 울고 금식하며 기도합니다. 그로 하여금 고통스럽게 한 바로 그 일이 평생의 사명이요 사역이 되었습니다. 요셉은 자신을 살해하기로 모의하다가 여의치 못하자 노예로 팔아버린 형제들로 인해 분노와 증오, 원한에 찬 삶을 선택할 수 있었지만 그와 달리 형제를 용서하고 혹독한 기근에서도 구원하라는 하나님의 뜻을 발견합니다. 그러니 내가 도피하고 싶은 문제가 다름 아닌 하나님이 부르신 곳이고, 내가 있어야 할 곳입니다.

마지막으로 공동체의 회복입니다. 자살은 하나님의 은혜와 더불어 각 개인의 노력이 동반되어야 하고, 여기에 공동체의 몫이 더해져야 합니다. 하나님과 나 그리고 너가 한데 어울려야 합니다.

여기서 공동체는 세 가지를 말합니다. 가정, 사회와 정부의 차원, 교회입니다. 2장 "자살의 사회학"에서 보았듯이 자살은 분명 사회 구조적인 문제입니다. 그러니 구조적인 접근을 하지 않으면 지극히 비현실적입니다. 약자를 배려하고, 그들이 스스로 일어설 수 있도록 정책을 입안하고 실행해야 합니다. 이것은 극히 중요하기는 하지만, 신학자요 목회자인 저는 과문한 탓에 구체적으로 말할 능력이 부족하기도 하거니와 이 책이 자살이 야기하는 신학적인 문제로 국한했기에 일반 성도들의 분발을 촉구하는 것으로 대신하고, 교회에 초점을 맞출까 합니다. 그러나 가난과 마찬가지로 자살도 사회 구조적인 문제라는 점을 결코 잊어서는 안 됩니다.

무엇보다도 가정이 중요합니다. 죽음에 직면한 사람들이 공히 경험하는 바는 죽음 자체보다는 그것에 부수적으로 딸린 절망감, 소외감 등입니다.³ 그들이 자신의 생각과 감정을 솔직하게 표현하지 못하는 것이 죽음보다 더한 죽음입니다. 극도의 우울에 빠져 있던 이들도 자신의 속내를 남김없이 발설하고 나면 달라집니다. 생각이 변하고, 편안한 감정이 생깁니다. 자신의 내면과 외면 모두를 스스럼없이 말할 수 있는 곳이 다름 아닌 가족입니다.

사회와 가정 못지않게 중요한 곳이 바로 교회입니다. 개개인이 서로 동떨어진 채 고립된 원자처럼 존재하는 한, 자살을 방지하고 예방하기란 어렵습니다. 앞서 개신교회에 자살이 더 빈발하다는 사실을 논의한 적이 있습니다. 종교가 자살을 막는다면 종교의 초월성이나 내세성과 같은 측면이 아니라, 각 사람의 삶에 밀착하여 개인이 사회에 소속되어 있다는 안정성을 부여하기 때문입니다. 각자의 삶, 성공과 실패를 겪어내는 건강한 행동양식을 공동체, 특히 가정과 교회에서 습득하지 않으면 안 됩니다.

그런 점에서 사회가 불안정하여 자살이 급증하고, 신자도 다르지 않다는 것은 교회라는 사회 또는 공동체가 그만큼 불안정하다는 반증이 됩니다. 스탠리 하우어워스는 '자살의 문법 grammar of suicide 이라는 말을 한 적이 있습니다.⁴ 자살은 한 개인의 결단이나 책임만이 아닙니다. 그가 속한 사회와 공동체 전체가 연루되어 일어납니다. 그래서 자살은 구성원의 삶을 돌보지 못한 공동체의 실패인 것입니다.

인간은 기억하는 존재입니다. 한 인간의 삶과 정체성은 영화 〈블레이드 러너〉에서 보듯이 기억으로 구성됩니다. 기억은 홀로 스스로 생겨나지 않습니다. 관계에서 발생합니다. 따라서 자살은 그로 하여금 자살을 미연에 방지할 만한 추억이 부재했다는 것이 됩니다.

강원도 산골에서 오랫동안 목회하신 분이 이런 말씀을 하셨습니다. "엄동설한에는 방 안에 있는 물도 꽁꽁 얼어요. 그런데 방 안에 촛불 하나만 있어도 얼음이 얼지 않습니다." 그러니까 삶을 지탱해주는 것은 그리 거창한 게 아닙니다. 양초 하나가 방출하는 한 자락 빛과 열기만으로도 추위를 막듯이, 아주 사소하고 작지만 따뜻한 사랑과 추억거리가 절망하지 않고 소망을 품게 해줍니다. 교회가 바로 그런 기억을 공유하는 공동체가 되어야겠습니다.

교회가 그런 아름다운 추억을 만드는 공동체가 되기 위해서는 그런 추억거리를 만드는 신자들과의 관계가 형성되어야 합니다. 주일날 많은 사람이 모여 누가 누구인지도 모르면서 같이 예배한다는 것은 서글픈 일입니다.

교회 내 성도들의 참여와 나눔의 밀도가 깊어야겠습니다. 가족 체계가 대가족에서 핵가족으로 변한 지 오래고, 홀 부모나 일인가구가 늘어나고 있습니다. 이런 상황에서 사람들은 더 외롭고 고독하기에 자신을 지지해 주고 지탱해 줄 다른 사람들을 절실히 필요로 합니다. 그 구체적 방안으로 교회 내 작은 모임의 활성화를 통해 결속감과 유대 관계를 강화해야 합니다.[5]

실제로 교회 내 소그룹에 적극적으로 참여하는 사람들에게는 외로움이나 우울증과 같은 문제가 적습니다. 소그룹의 이름이 구역이든, 셀이든, 목장이든, 가정 교회든 간에 그 안에서 자신의 고민과 아픔도 나누고, 다른 이의 애환도 듣고 함께 기도하고 풀어가는 과정을 통해 자기 자신도 치유하고 다른 사람도 돕게 됩니다.

우리 개신교는 전통적으로 각 개인을 강조합니다. 그래서 성경 해석과 사역을 사제가 아니라 모든 신자에게 돌려주었습니다. 대표적인 것이 말씀 묵상입니다. 각자가 하나님 앞에서 성경을 묵상하고 각자 해석하고 적용합니다. 그러다보니 각자가 자의적으로 성경을 해석하는 우를 범하기도 합니다. 베드로가 성경을 "사사로이 풀 것이 아니니"[벧후 1:20, 개역개정판]라고 했을 때, 사사로이^{private}는 '사적'인 것, 다시 말해 자기 혼자서 멋대로 해석하는 것입니다. 그러므로 공동체가 서로 모여서 함께 말씀을 읽고 해석하고, 초대교회처럼 음식을 나누고 자기 재물을 필요에 따라 유무상통할 때 자살과 같은 문제들은 훨씬 줄어들 것입니다.

제가 이 책의 초안이 된 글을 바른교회아카데미 주최로 목회자와 일반 성도를 대상으로 발표한 적이 있습니다. 그때 한 분이 교회가 자살을 줄이는 데 많이 일조할 수 있는데, 교회에서 자살 방지 세미나 프로그램을 실행하면 좋지 않으냐고 물었습니다. 우리나라가 OECD 국가 중 자살률 1위인데다가, 개신교인들의 자살 비중이 높으니 당연히 교회가 적극적으로 그런 프로그램을 도입해야 하고, 교회가 이 분야의 전문가들과 함께 일하면 더 효율적이지 않겠느냐는 것입니다.

저는 그 분의 질문에 대해 교회가 어떤 단체인가를 이해하는 게 필요하다고 대답했습니다. 교회는 하나님 나라의 공동체입니다. 교회가 자신의 본질에 충실하면 요한복음이 증언하는 바대로 서로의 발을 씻어주고, 사도행전이 보여주는 바, 유무상통하고 밥을 같이 먹고 예배하면, 자살을 줄이는 데 크게 기여하게 될 것입니다. 사람을 살리는 본연의 사명을 감당할 것입니다. 설교와 교육을 통해 하나님 나라의 가치를 가르치고, 훈련하고, 살아내는 것이 우선입니다.

그런 프로그램은 교회 내 자살로 인해 큰 아픔을 겪거나 그와 관련된 문제가 생길 경우에, 그리고 그런 일을 미연에 방지하기 위해서 전문가를 모시고 몇 번 강의를 듣고 배울 필요는 있습니다. 그러나 자살이 심각하다고 해서 프로그램을 개설한다면, 결혼과 이혼부터 시작해서 수많은 관련 강좌를 열어야 할 것입니다. 교회가 자신의 본질에 충실함으로 자연스럽게 자살을 막는 효과를 거두는 것이지, 마치 자살 예방 센터의 역할을 떠맡는 것은 교회 자신은 물론 NGO 단체들을 위해서도 바람직하지 않다고 봅니다.

예수님을 기억하는 공동체, 서로를 추억하는 공동체가 예수님이 원한 교회의 모습이고, 서로를 죽이고 자신을 스스로 죽이는 죽임의 시대에 맞서는 교회의 존재 이유와 가치입니다.

---

1. 에밀 뒤르켐, 「자살론」, 청아출판사, 503쪽.
2. 디트리히 본회퍼, 「윤리학」, 대한기독교서회, 145-46쪽.
3. 엘리자베스 퀴블러 로스, 「죽음과 죽어감」, 이레, 421-22쪽, 232쪽.
4. Stanley Hauerwas, *Suffering Presence*, T. & T. Clark, 103-5쪽.
5. 조성돈·정재영, 「그들의 자살, 그리고 우리」, 예영커뮤니케이션, 111-14쪽.

감사의 말

로마서 16장을 생각합니다. 바울이 사랑한 사람들, 천거하고픈 사람들, 안부를 묻고픈 사람들, 무엇보다도 감사를 표하고 싶었던 사람들의 명단이 길게 나열되어 있는 로마서의 맨 마지막 부분 말입니다. 그 많은 이름은 하나님의 은혜와 더불어 바울을 존재하게 한 이들이 아닐까 짐작해 봅니다. 바울은 홀로 고립적으로, 독립적으로 존재하고 활동한 것이 아니라 관계 안에서, 공동체 속에서 성장하고 사역했습니다. 바울은 그걸 잘 인식하고 있었던 것입니다.

제게도 감사의 말을 전해야 할 분이 왜 이리 많은지요. 무엇보다도 청어람아카데미 양희송 대표기획자에게 감사하다는 말을 전합니다. 그는 제가 글쓰기 책을 저술하고 출판 「글쓰는 그리스도인」, 성서유니온 선교회하는 데 결정적인 공헌과 단초를 제공해 주었는데, 이번에도 같은 역할을 해주었습니다.

노무현 전 대통령의 영결식이 있던 날 그의 사무실에서 이런저런 이야기를 나누다가 그가 제게 자살과 관련해서 논문을 하나 쓸 수 있겠느냐고 물어왔습니다. 이 사안이 갖고 있는 중요성과 당시 벌어진 토론의 심각성을 익히 알고 있었고, 또한 「가룟 유다 딜레마」 IVP와 「하박국, 고통을 노래하다」 복있는사람에서 이 주제를 다루었던 차라 거부하기 어려웠습니다.

그렇게 해서 2009년 7월 20일부터 23일까지 유성에서 열린 "7회 바른교회아카데미 연구위원회 세미나"에서 이 책의 초안이 되는 논문을 발표했습니다. 제목은 "자살에 관한 몇 가지 신학적 성찰"이었습니다. 학문적인 전문성에 조금도 손상을 주지 않으면서도, 정작 궁금해하는 이들의 손에 들려지기 위해서 논문보다는 작은 책을 의도하고 작업을 진행했습니다.

발표할 기회를 주신 바른교회아카데미 측에도 심심한 감사를 표합니다. 이사장이신 정주채 목사님 향상교회, 원장이신 김동호 목사님 높은뜻교회연합, 연구위원장이신 이형기 교수님 장신대 명예교수, 신구약성경의 본문을 해석해 주셔서 이 책을 쓰는 데 유익한 정보와 관점을 제공해 주신 전성민 교수님 웨스터민스터대과 박정수 교수님 성결대, 세미나에서 날카로운 지적과 비판, 따뜻한 격려를 아끼지 않은 참석자 모두에게 감사를 드립니다.

특히 논평해 주신 조성돈 교수님과 정재영 교수님^{실천신대}은 여러 모로 감사할 것이 많습니다. 이 책도 기실 두 분의 전향적인 연구 성과가 있었기에 가능했습니다. 두 교수님이 쓰신 「그들의 자살, 그리고 우리」라는 사회학적 연구와 조사, 통계와 면접 자료는 자살의 사회적인 측면과 더불어 자살에 대한 큰 그림을 그리는데 엄청난 도움을 입었습니다. 바로 그 토대 위에서 자살의 신학적이고 신앙적인 의미를 말할 수 있었던 것입니다. 게다가 부록에 실린 "도움이 될 만한 자료"를 사용할 수 있도록 기꺼이 허락해 주시기까지 하셨습니다.

그리고 이 글을 읽고 유익한 조언을 주신 분들에게도 감사합니다. 제가 섬기는 교회의 진순배 형제, 박진휘·정서희 부부, 강주희 자매, 그리고 글쓰기 학교 수련생인 김광성 목사님과 황정아 권사님은 연어를 위에서 바라보는 물수리나 불곰의 눈과 함께 옆에서 바라보는 친구 연어의 눈으로 책의 완성도와 완결성을 높여주는 데 말로 이루 다 할 수 없는 도움을 주었습니다. 하마터면 실수할 뻔한 것을 여럿이 합력하여 선을 이루었습니다.

출간을 쾌히 허락해 주신 죠이선교회와 여러 간사님에게도 깊이 감사를 드립니다. 죠이선교회와는 두 번째 작품을 내게 되었는데, 작업하는 전 과정 중 어느 하나 기쁨이 아닌 것이 없었습니다.

실토하자면, 저 또한 두 번이나 강한 자살 충동에 사로잡힌 적이 있었습니다. 한 번은 박사학위 과정 중이었고, 다른 하나는 목회를 하면서 그랬습니다. 그럴 때마다 예수님의 임재와 더불어 사랑하는 아내의 지혜로운 격려, 갈수록 글을 잘 쓰는 두 아이 희림이와 서은이가 힘이 되었습니다. 말로 사랑을 표현하는 데 아직도 서툰 제가 이 자리를 빌어서나마 사랑한다는 말을 전합니다.

부디 자그마한 이 책이 자살이 만연한 시대, 죽음을 이기시고 우리에게 생명을 선사하신 하나님의 은총을 기억하고, 서로가 서로에게 추억이 되는 공동체로 교회와 가정이 회복하는 데 조금이나마 일조하기를 기대합니다.

수정동에서
김기현 드림

부록 : 도움이 될 만한 자료

1. 목회적 권고^{A Pastoral Recommendation} - 바른교회아카데미[1]

노무현 전 대통령의 서거라는 큰 비극을 맞이하여 온 국민이 슬픔과 비통한 마음으로 애도의 시간을 보내고 있습니다. 바른교회아카데미는 한국교회의 모든 그리스도인들이 이 애도와 위로의 시간에 깊이 참여하기를 진심으로 바라며, 함께 생각할 목회적 측면을 나누고자 합니다.

공감^{共感} - "우는 자들과 함께 울라" 롬 12:15

한국교회는 무엇보다 "우는 자들과 함께 울라"는 말씀대로 충격을 당한 한국 사회의 슬픔과 애통에 깊이 공감해야 합니다. 위로와 회복, 화해와 용서의 은혜는 고통과 아픔에 대한 공감의 깊이에 비례합니다. 한국교회는 마땅히 우는 자들의 눈물을 가볍게 여기지 말아야 합니다. "모든 눈물을 씻어주시는"계 7:17 하나님이 이 땅에 올바르게 증언되려면 한국교회의 눈에서도 진심 어린 눈물의 흔적이 발견되어야 합니다. 일부 개신교 인사들의 부적절한 발언은 슬픔 당한 이들에게 무례한 것일 뿐 아니라, 전직 대통령을 추모하기 위해 조문에 나선 수백만의 국민들을 모욕하는 행위가 되기도 합니다. 더욱이 이번 일이 개신교 장로대통령의 정권 아래서 벌어진 사건이라는 점에서 이런 언행으로 불필요한 자극을 유발하는 것은 종교적 편향성이라는 민감한 문제를 불러일으킬 수 있는 사려 깊지 못한 행동이라 하지 않을 수 없습니다.

화평和平 - "그는 우리의 화평이신지라"엡 2:14

한국교회에는 한국 사회의 다양한 정치적, 경제적, 문화적 차이를 가진 성도들이 들어와 있습니다. 이런 차이에도 불구하고, '그리스도의 몸'을 이루고 세상을 향하여 하나 됨의 증거를 감당하도록 우리를 불러주신 하나님을 찬양합니다. '차이'를 이유로 '차별'하지 않고, '세속의 이해관계'에 따라 '성도의 교제'를 훼방하지 않는 삶이 우리를 교회로 부르신 하나님의 뜻입니다. 지금 한국교회는 서로 다른 정치적 견해와 경제적 차이를 포용하고 화해하도록 하는 복음의 능력이 있는지, 아니면 이런 세속적 골을 하나님의 이름을 빙자하여 더 악화시키는 무능한 상황은 아닌지 주목하는 많은 사람들의 눈길 앞에 서 있습니다. 또한 각 교회의 강단에서 선포되는 목회자의 설교가 세속적 편가름을 넘어 '위로부터의 화해'를 증거하는 제사장적인 역할을 감당하기를 기대하는 시대적인 요청에 직면해 있습니다. 한국교회의 목회자들은 갈등을 극복하고 진정한 평화를 이루는 복음의 능력을 신뢰하고 바르게 선포해야 합니다.

생명生命 - "너는 피투성이라도 살아 있으라" 겔 16:6

하나님은 한 생명도 덧없이 스러지는 것을 기뻐하지 않으십니다. '꺼져가는 등불을 끄지 아니하고 진실로 정의를 시행'하는 분입니다. 노무현 전 대통령의 서거를 바라보는 개신교권 내부에는 '자살'에 대한 신학적-목회적 논란이 큰 자리를 차지하고 있습니다. 그러나 '생명의 소중함'에 대한 확신이 자살로 생을 마감한 이들에 대한 폄하로 곧장 이어질 이유는 없습니다. '스스로 목숨을 끊는 것은 죄다'라는 말은 죽을 사람을 살리는 용도로 사용되어야 할 말이지, 이미 죽은 이와 유족들에게 한 번 더 정죄의 낙인을 찍는 용도로 써야 할 말이 아닙니다. 자살이란 비극적 결말만 볼 것이 아니라, 누군가를 자살에 이르게 한 과정에 대한 면밀한 성찰이 전제되어야 합니다. 그렇지 않으면 한해 13,000명, 하루 35명꼴로 자살하는 한국 사회에서 교회는 자살자에 대해 반복적으로 정죄하고 있을 수밖에 없을 것입니다. 과연 교회에 남겨진 몫이 자살로 생을 마감한 자들에게 한 번 더 낙인을 찍는 데에 있는가, 아니면 사람들을 자살로 이끄는 '죽음에 이르는 조건'에 항의하고, 이를 개선하는 일에 분연히 나서도록 촉구하는 데에 있는가를 단호하게 선택해야 할 것입니다.

심판審判 - "나더러 주여 주여 하는 자가 아니라"마 7:21

한 사람의 일생을 평가하기는 쉽지 않습니다. 더욱이 전직 대통령의 삶은 매우 다양한 국면을 갖고 있습니다. 이번 국민장에 나타난 엄청난 추모행렬은 노무현 대통령이 재임기간 중에 정치적 인기는 많이 얻지 못했다고 하지만 그의 인간적 매력과 진정성에 많은 이들이 공감하고 있음을 보여줍니다. 특히 권위주의와 학벌, 지연으로 한 사람의 가능성을 가차 없이 재단해 버리는 한국 사회 속에서 노무현이라는 한 사람의 삶은 서민들에게 희망과 공감을 불러일으키는 상징이 되어왔습니다.

예수께서는 우리들의 말이 아니라, 삶의 실천을 보신다고 여러 차례 경고하였습니다. 특히 "내가 주릴 때 너희가 먹을 것을 주지 아니하였고, 목마를 때에 마시게 하지 아니하였고, 나그네 되었을 때에 영접하지 아니하였고, 헐벗었을 때에 옷 입히지 아니하였고, 병들었을 때와 옥에 갇혔을 때에 돌보지 아니하였느니라"마 25:31-46고 하시면서 "이 지극히 작은 자 하나에게 하지 아니한 것이 곧 내게 하지 아니한 것이니라"고 하였습니다. '천국'을 상속받는 것은 '지극히 작은 자에게 어떻게 대하였는가'로 판가름된다는 말씀입니다. 전직 대통령이나 현직 대통령이나 하나님 앞에 엄중히 평가 받을 지점을 이 말씀은 잘 보여줍니다. 애도의 기간 중 한국교회는 노무현 전 대통령의 삶이 이런 측면에서 좋은 평가를 얻을 수 있는 삶이었는가를 되물어 보는 시간을 가지기를 권합니다. 아울러 같은 기준으로 이명박 현 대통령의 재임기간 동안 '지극히 작은 자들의 삶'이 많이 개선되기를 위하여 기도하기를 권합니다.

2. 자살 보도 권고 기준[2]

언론은 자살에 대한 보도에서 매우 신중해야 합니다. 언론의 자살 보도 방식은 자살에 영향을 미칩니다. 자살 의도를 가진 사람이 모두 이를 실행에 옮기는 것이 아니며, 자살 보도가 그 계기가 될 수 있기 때문입니다. 더 나아가 자살 보도는 사람들이 삶의 어려움을 극복하기 위한 한 방법으로 자살을 고려하게 만들 수 있습니다. 자살이 언론의 정당한 보도 대상이지만, 언론은 자살 보도가 청소년을 비롯한 공중에게 미치는 영향에 대해 충분한 예민성과 책임감을 가져야 합니다. 우리는 언론인들이 자살에 대한 보도에서 아래의 권고기준을 지켜주실 것을 권고합니다.

(1) 언론은 자살 보도에서 자살자와 그 유족의 사생활이 침해되지 않도록 주의를 기울여야 합니다. 중요한 인물의 자살과 같은 공공의 정당한 관심의 대상이 되는 사건이 아닌 경우에는 자살에 대한 보도를 자제해야 합니다.

(2) 언론은 자살자의 이름과 사진, 자살 장소 및 자살 방법, 자살까지의 자세한 경위를 묘사하지 않아야 합니다. 다만 사회적으로 중요한 인물의 자살 등과 같이 공공의 정당한 관심의 대상이 될 수 있는 경우에 그러한 묘사가 사건을 이해하는 데 필요한 경우는 예외입니다.

(3) 언론은 충분하지 않은 정보로 자살 동기를 판단하는 보도를

하거나, 자살 동기를 단정적으로 보도해서는 안 됩니다.
(4) 언론은 자살을 영웅시 혹은 미화하거나 삶의 고통을 해결하는 방법으로 오해하도록 보도해서는 안 됩니다.
(5) 언론이 자살 현상에 대해 보도할 때는 확실한 자료와 출처를 인용하며, 통계 수치는 주의 깊고 정확하게 해석해야 하고, 충분한 근거 없이 일반화하지 말아야 합니다.
(6) 언론은 자살 사건의 보도 여부, 편집, 보도 방식과 보도 내용은 유일하게 저널리즘의 기본 원칙에 입각해서 결정하며, 흥미를 유발하거나 속보 및 특종 경쟁의 수단으로 자살 사건을 다루어서는 안 됩니다.

3. 자살 경고 신호[3]

(1) 가족이나 친지, 친구에게 직간접으로 이야기를 한다.
(2) 가족의 반응이 없으면 성직자나 의사를 찾는다. 평소의 신앙생활과는 달리 인생 문제를 상의하고, 병이 없는데도 아프다며 의사를 찾는다.
(3) 자살의 결단을 내린 순간부터 식욕, 성욕을 잃어버린다.
(4) 자살 결단을 내리고부터 수면 형태가 바뀌어 잠을 못 자던 사

람은 푹 자고, 잠을 잘 자던 사람이 불면증에 시달린다.
(5) 유서를 작성한다.
(6) 자살을 결심한 사람은 먼 여행을 가는 것과 같이 준비를 한다. 개인 비품이나 서랍을 정리하고, 속옷을 갈아입고 이발 등을 한다.
(7) 아껴 온 물건들을 주위 사람들에게 나누어준다.
(8) "이제 나로 인한 고통은 더 이상 없을 것이다", "먼 여행을 하고 싶다", "그동안 고마웠다"라는 등의 이별을 예고하는 말들을 주위 사람들에게 한다.

4. 청소년 자살의 위험 징후[4]

(1) 행동이나 성격이 갑자기 변한다.
(2) 뚜렷한 이유 없이 깜짝깜짝 놀라거나 안절부절, 식사거부, 불면
(3) 일기장에 죽고 싶다는 얘기나 죽음에 대한 내용을 쓰거나 자주 언급될 때
(4) 자살 미수자나 가족 중에 자살자가 있는 경우
(5) 성격에 충동적, 폭발적, 자기 파괴적 경향이 있을 때

5. 타인의 자살 충동이 느껴질 때 지켜야 할 여섯 가지 수칙[5]

(1) 혼자 두지 말라. 주변에 총, 칼, 약처럼 자살에 사용될 수 있는 물건들이 방치되어 있을 땐 더욱 위험하다.
(2) 위급한 상황이 발생했을 때 혼자 해결하려 하지 말라. 우리나라 국번없이 119나 지역응급센터, 의사, 경찰, 다른 사람에게 전화해 도움을 요청한다.
(3) 도움을 요청하고 기다리는 동안에 차분하게 대화를 하라. 시선을 마주하고 손을 잡고 대화하는 것이 효과적이다.
(4) 자살 방법 등의 자살 계획을 면밀하게 세워뒀는지 대화를 통해 알아두라.
(5) 주변에 도움을 줄 수 있는 사람이 많다는 사실을 상기시키라.
(6) 자살을 시도했을 땐, 즉시 구급차를 부르고 응급처치를 시도한다.

6. 자살에 관한 설교 지침[6]

기독교윤리실천운동 www.trusti.kr
목회사회학연구소 club.cyworld.com/kpsi

수원시자살예방센터 www.csp.or.kr

연세대학교 의료원 원목실 www.yuhs.or.kr

한국기독교목회자협의회 www.kpastor.org

한국기독교사회복지협의회 www.kcsw.or.kr

한국실천신학회 www.praxis.or.kr

(1) 자살에 대해서 단정적으로 말하지 않는다.

자살이 이루어지는 것은 사회적, 심리적, 환경적, 개인적 요소 등이 복합적으로 작용한 결과다. 그것을 신앙 하나로 단정하여 말하는 것은 자살예방에 도움이 되지 않는다. 즉 믿음이 없어서 자살했다거나 교회가 잘못해서 그렇다고 단정적으로 말하는 것은 자살에 대해 잘못된 오해를 가져올 수도 있고 자살의 위험 가운데 있는 사람들에게도 더 심한 우울증을 만들 수 있다.

(2) 유가족에 대한 배려가 필요하다.

최근 자살로 사망하는 자들이 크게 늘었다. 이는 그만큼 많은 유가족들이 남게 되었다는 것을 의미한다. 설교 중에 이들에 대한 배려가 필요하다. 특히 자살한 사람들을 지칭하면서 '가족이 어떻게 했길래 죽기까지 했느냐'는 언급은 남은 자들을 더욱 힘들게 하는 언어사용이다. 안 그래도 가족의 죽음으로 죄책감을 가지고 있을 텐데 그들을 배려하지 못한다면 또 다른 우울증 환자와 자살 예비자를 양산하게 될 것이다. 특히 교회 내에서 자살자를 언급하는 것은 피해야 하고 그 유가족이 노출되지 않도록 노력해야 한다.

(3) 자살 방법이나 장소, 자살 경위는 상세히 묘사하지 않는다.

특히 자살의 방법을 언급하는 것은 모방자살을 유발할 수 있으므로 피해야 하며, 같은 의미에서 자살의 장소나 경위 등에 대해서 자세히 언급하는 것은 피해야 한다.

(4) 유명인의 자살을 미화하거나 영웅시하지 않는다.

유명인의 자살을 언급하면서 그들의 자살을 정당화해서도 안 되고, 더군다나 미화하거나 영웅적 결단으로 설명해서도 안 된다. 그들의 죽음도 동일하게 오늘 하루 자살로 죽을 수 있는 평균 33명 중 한 명이며, 작년 자살로 죽은 12,174명 중 한 명일 뿐이다.

(5) 자살을 고통해결의 방법으로 설명해서는 안 된다.

자살자에 대한 동정심으로 자살을 어떤 한 문제의 결과로 설명할 수 있다. 그러나 그러한 언급은 자살에 대한 현실성을 외면하는 결과를 낳을 수 있다. 자살은 남겨진 문제들의 시작일 뿐이다.

(6) 흥미 중심이나 흥미로운 예화로 사용하지 않는다.

혹 설교에 사람들의 관심을 끌어들이고자, 또는 세태의 문제를 지적하고자 자살의 문제를 자극적으로 언급하는 경우들을 경계해야 한다.

7. 자살 방지를 위해 언급해야 할 것들[7]

(1) 생명의 소중함을 강조한다.

성경에서 보여주고 있는 생명의 강조점들을 언급하고 그것을 자살의 문제와 연결지어 설명한다. 특히 생명이 그 주인이신 하나님께 있음을 확실히 한다. 나의 생명이라도 그 행위는 이미 생명을 죽이는 살인행위임을 명확히 한다. 더구나 우리 안에 있는 하나님의 형상을 생각할 때 자살은 신에 대한 반역이다. 또한 생명을 쉽게 대하는 언어적 태도도 피한다.

(2) 자살의 사회적 심각성을 강조한다.

현재 한국 사회의 자살의 심각성을 언급하며 경각심을 가지도록 한다.

(3) 어려움이 있을 때 상담할 수 있는 가능성을 소개한다.

교회와 동역하고 있는 상담소나 상담전화 등을 소개하고 교회 주보에 기재하여 필요할 때 찾을 수 있도록 한다.

(4) 자살의 현실을 설명한다.

자살로 모든 것이 끝나는 것이 아니라 남은 유족들의 아픔이 있고 해결되지 않는 문제들이 남아 있음을 알린다. 특히 자살은 이기적인 선택임을 표현한다.

(5) 자살 징후들을 소개한다.

자살의 징후들을 소개하여 주변에 자살의 위험에 있는 사람들을 발견하고 돕도록 한다.

(6) 자살위기에 처한 사람들을 도울 수 있는 방법을 소개한다.

자살위기에 처한 사람들을 도울 수 있는 구체적인 방법들을 교육한다.

(7) 우울증을 영적인 문제가 아닌 정신보건의 문제로 소개하고 치료를 권한다.

우울증을 객관적으로 설명하고 이에 대한 대처를 어떻게 해야 하며 치료

할 수 있는지를 소개한다. 특히 우울증을 영적인 문제로 보지 않도록 하고 치료해야 할 질병임을 확실히 한다.

---

1. 이것은 노무현 전 대통령 서거에 임해 2009년 5월 30일 바른교회아카데미에서 작성하여 배포한 것이다. 전문은 www.goodchurch.re.kr〉자료실〉보도자료 53번 게시글에서 볼 수 있다.
2. 한국자살예방협회에서 2004년 7월 한국기자협회와 함께 공동으로 펴낸 "자살 예방가가 권고하는 언론의 자살 보도 기준"으로 조성돈·정재영의 「그들의 자살, 그리고 우리」(예영커뮤니케이션)에서 허락을 받고 옮겨 싣는다. 전문은 www.suicideprevention.or.kr〉정보&공유〉유용한자료 13번 게시글에서 볼 수 있다.
3-5. 같은 책에서 허락을 받고 옮겨 실었다.
6-7. 이것은 2008년 11월 6일에 있었던 출판기념 세미나 "그들의 자살, 그리고 우리" 자료집에 수록되어 있다. 전문은 www.trusti.kr〉자료창고〉기윤실자료 73번 게시글에서 볼 수 있다.

자살은 죄인가요?

초판 발행	2010년 5월 24일
초판 2쇄	2010년 7월 30일
지은이	김기현
발행인	이윤복
발행처	죠이선교회(등록 1980. 3. 8. 제5-75호)
홈페이지	www.joybooks.co.kr
주소	130-861 서울특별시 동대문구 제기동 274-6
전화	(출판사역부) 925-0451
	(죠이선교회 본부, 학원사역부, 해외선교부) 929-3652
	(전문사역부) 921-0691
팩스	(02)923-3016
인쇄소	시난기획
제본소	진천제책사
판권소유	ⓒ죠이선교회
ISBN	978-89-421-0296-9 03230

책값은 뒤표지에 있습니다.
잘못된 도서는 교환하여 드립니다.
이 책의 내용을 허락 없이 옮겨 사용할 수 없습니다.